소년의 꿈, 오산을 품다

추천사

소년의 꿈이 오산의 희망이 되기까지

2025. 12.
국회부의장 **이 학 영**

한 사람의 삶을 통해 한 지역의 변화와 성장을 읽어낼 수 있다는 것은 매우 특별한 일입니다. 「소년의 꿈, 오산을 품다」는 성길용 부의장님이 걸어온 길을 통해 지방자치의 의미와 공직자의 소명을 다시 돌아보는 의미 있는 기록입니다.

저자는 2000년 경부터 지역사회의 다양한 현장을 직접 찾아 시민들과 함께 정책을 고민해 온 실천형 지도자입니다. 오산초등학교 운영위원에서 오산시 주민자치위원회 협의회장, 초평동 주민자치위원장, 마침내 오산시의원까지 성실하게 걸어왔습니다. 현안 해결 과정에서 보여준 추진력과 연대는 주민들의 신뢰를 얻었고, 지속 가능한 발전을 위한 정책적 고민은 오산의 미래를 설계하는 중요한 밑거름이 되었습니다.

책에서 등장하는 '사람 중심의 지방자치'는 지방의회의 존재 이유이자 가장 중요한 가치임을 다시 상기시킵니다. 한 권에 걸쳐 그 철학이 어떻게 형성되고 실천되어 왔는지를 생생하게 보여주며, 한 공직자가 시민들과 함께 한걸음 한걸음 성장한 여정이 얼마나 의미 있는지 일깨워 줍니다.

「소년의 꿈, 오산을 품다」라는 제목처럼, 소년 시절부터 성길용 부의장의 삶에는 언제나 도시와 시민을 향한 깊은 애정이 자리하고 있습니다. 앞으로도 그의 진정성과 포용적 리더십이 지역사회 발전의 원동력이 되리라 믿습니다.

이 책이 공직자의 길을 걷는 많은 이들에게 따뜻한 울림과 새로운 각오를 주는 길잡이가 되기를 바라며, 「소년의 꿈, 오산을 품다」 출간을 진심으로 축하드립니다.

오산의 참된 일꾼, 성길용 부의장님

2025. 12.
더불어민주당 국회의원 **민 병 덕**

오산시의 변화와 오산시민을 향한 헌신이 한 권의 책으로 기록된다는 것은 그 자체로 큰 의미를 지닙니다.

『소년의 꿈, 오산을 품다』는 성길용 오산시의회 부의장님이 걸어온 길을 통해 정치가 무엇을 위해 존재해야 하는지, 그리고 공직자가 어떤 기준과 태도로 지역과 시대를 바라봐야 하는지를 깊이 성찰하게 만드는 소중한 기록입니다.

성길용 부의장님은 늘 현장에서 답을 찾는 실천적 리더였습니다. 교육, 안전, 복지, 도시환경 등 시민의 일상과 맞닿아 있는 문제 앞에서 누구보다 먼저 현장을 찾고, 시민의 목소리를 정책으로 연결해 온 그의 성실함은 지방자치가 지향해야 할 모범적인 모습이라 할 수 있습니다.

통학로 안전 개선, 어르신 복지 인프라 확충, 소상공인과 자영업자의 삶을 지키기 위한 제도적 노력에 이르기까지, 성길용 부의장님의 의정활동에는 언제나 '사람'이 있었습니다.

이 책에는 공직자가 되기 이전부터 품어 온 사람을 위한 정치에 대한 고민과 지역사회를 향한 진심 어린 애정이 담담하게 녹아 있습니다. 정치적 이해관계가 복잡하게 얽힌 상황 속에서도 '지역과 시민'이라는 원칙을 흔들림 없이 지켜 온 성길용 부의장님의 태도는 오늘날 정치가 회복해야 할 가치가 무엇인지를 분명히 보여줍니다.

『소년의 꿈, 오산을 품다』는 한 사람의 성장 기록을 넘어, 지역을 위해 헌신하는 정치가 어떻게 가능해지는지를 보여주는 살아 있는 증언입니다. 이 책이 공직을 꿈꾸는 이들에게는 든든한 길잡이가 되고, 시민들께는 정치에 대한 신뢰와 희망을 다시 생각해 보는 계기가 되기를 기대합니다.

성길용 부의장님의 진정성 있는 발걸음이 앞으로도 오산의 미래를 밝히는 힘이 되리라 믿습니다.

이 책을 시작하며

이 책을 쓰게 된 것은 여러분들에게 나의 진솔한 이야기를 들려드리고 싶어서입니다.

전라남도 곡성에서 태어나 고등학교 졸업까지 시골에서 자랐습니다. 다만 어린시절 달력에서 본 작은 꿈이 50년 가까이 흘러서도 이루어질 수 있다는 것입니다.

이 책을 통해 내가 누구인지, 어떻게 이 자리에 와있는지 화려한 포장이나 과장없이 담대하고 평범한 인생 이야기를 담아봤습니다. 이 책에는 제가 시의원이 되기까지의 과정을 얘기했고 더 중요한 것은 앞으로 여러분과 '함께 걸어갈 길'입니다.

이 책은 내 인생을 돌아보는 소중한 시간을 가질 수 있었습니다. 무엇보다 지금의 나를 만들어 주신 부모님, 평생의 동반자인 박명자, 든든한 버팀목이 되어준 자녀들과 나를 아끼고 사랑해주시는 형들 과 누님들, 그리고 나를 믿고 지지해 주신 모든 분에게 깊은 감사를 드립니다.

특히 이 자리에 있게 길을 열어주신 김정수 회장님과 지역사회를 위해 활동했던 선후배님 그리고 항상 격려와 조언을 해주신 모든 분에게 고마운 마음을 전합니다.

또한 관심과 지지와 응원 부탁드립니다.

감사합니다.

소년의 꿈, 오산을 품다

성장, 활동

01
9남매 중 8번째로 태어나다

시골 마을의 작은 집에서

내가 태어난 곳은 산과 들로 둘러싸인 작은 시골 마을이었다. 그 곳은 계절의 변화를 온몸으로 느낄 수 있는 곳이었고, 새벽이면 닭 울음소리와 함께 하루가 시작되는 평온한 곳이었다. 하지만 우리 집만큼은 평온하지 않았다. 아홉 명의 자녀가 북적거리는 집안은 언제나 활기차고 시끌벅적했으니까.

어머니는 종종 "열 명을 낳았지만, 한 명은 태어나자마자 하늘나라로 갔다."라고 말씀하셨다. 그 말씀을 들을 때마다 가슴 한켠이 먹먹해짐을 느낀다. 만약 그 아이가 살았다면 우리는 열 남매가 되었을 텐데. 어머니의 눈가에 스치는 그리움의 그림자를 보며, 나는 어린 마음에도 생명의 소중함을 느낄 수 있었다.

국민학교에 입학한 첫날은 지금도 기억이 생생하다. 어머니는 아들이 학교에 간다고 검정가방, 검정고무신, 공책 등 학용품을 준비해 주셨다. 입학식 날 옷핀으로 콧 수건을 가슴에 달고 옷 소매로 콧물을 훔치지 말라는 잔소리를 들으며 누나 손에 이끌려 학교라는 곳에 처음 갔다. 전교 학생과 학부모 입학생들이 운동장에 모여 오열을 맞추고 입학식을 거행하면서 한시간은 서서 연설을 들은 것 같았는데 견디지 못하고 쓰러지는 친구들도 있었다. 지금 같으면 난리가 날 상황이지만 그 당시에는 다반사였기 때문에 입학식은 지속되었던 걸로 기억된다.

첫 등교에 선생님은 칠판에 'ㄱ'자를 크게 써놓고, 무슨 글자인지 질문을 하지만 아무도 아는 친구가 없었다. 선생님은 바로 낫을 칠판에 그려주며 "낫 놓고 기역 자"라고 설명해 주셨다. 그러면서 처음 배운 단어들이 '나', '너', '우리', '우리나라', '대한민국'이었다. 그리고 다음 페이지를 넘기면 "영희야 놀자, 철수야 놀자."가 나왔다. 지금 생각해 보면 참으로 순진무구한 시절이었다. 유치원이라는 게 있다는 것도 몰랐고, 대도시 아이들은 이미 한글을 다 떼고 학교에 온다는 것도 나중에야 알았다. 우리 같은 시골 아이들은 학교에서 처음으로 연필을 잡고, 처음으로 책장을 넘기고 한글을 배우기 시작했었다. 모든 것이 신기하고 새로웠다.

큰형과 나 사이에는 무려 스무 살의 나이 차이가 난다. 큰형은 내가 태어나기 전부터 이미 성인이 되어 서울에서 생활하고 있어서 나는 학교에 들어가기 전까지 우리 가족이 다섯 남매인 줄 알고 자랐다. 집에는 누나와 바로 위 형 둘, 그리고 나와 막내만 보이니까 당연한 일이었다. 명절 전까지 우리 형제자매가 이렇게 많은 줄 몰랐다. 일곱, 여덟

국민학교 시절 현충원에서

살 되던 해 구정 명절이었다. 평소에는 보지 못했던 낯선 어른들이 집에 오시는데 명절이라 당연히 아버지를 보기 위한 손님들이 많이 오시는구나 생각하고 있었다. 그런데 그 와중에서도 가장 인상 깊었던 것은 큰형의 등장이었다.

서울에서 온 듯한 잘생기고 멋스러운 옷차림의 한 남자가 우리 집 마당으로 들어왔다. 나는 속으로 “저 아저씨는 누구지? 왜 나를 아는 척하지?”라고 생각했다. 그가 내게 이름을 물어볼 때, 나는 경계심을 품고 눈만 말뚝말뚝 뜨고 쳐다봤다. ‘당신이 뭔데 내 이름을 묻느냐’는 심보였다. 그러면서 아버지를 바라보고 누군지 눈으로 물어봤다. 그때 아버지께서 한마디 하셨다. “니 큰 성이다. 인사해라.”

"예?!" 그 순간 나는 아무런 생각이 나질 않고 멍하니 바라만 보면서 생각했다. 내게 내가 모르는 큰 형이 있었다니! 더 놀라운 것은 내 위로 누나들이 셋이나 더 있다는 사실이었다. 그날 저녁, 가족들이 모두 모인 자리에서 나는 우리 가족의 실체를 알게 되었다. 모두 아홉 남매였던 것을.

물질적으로는 풍족하지 못했지만, 정신적으로는 세상 어느 가정보다도 풍요로웠다. 아홉 남매가 모두 모이면 집 안이 북적거리고 시끄러웠지만 이것이 바로 우리 가족의 행복이었다. 큰형님은 나에게 특별한 애정을 듬뿍 담아 예뻐해 주셨다. 스무 살이나 차이가 나니 마치 아버지와 아들 같은 관계였다. 서울에서 내려오실 때마다 나만을 위한 선물을 가져오셨다. 그것이 비록 작은 과자 하나일지라도 나에게는 세상에서 가장 달콤한 선물이었다.

누나들 또한 나를 마치 아들처럼 돌봐주셨다. 어머니가 바쁠 때면 누나들이 내 코를 닦아주고, 밥을 먹여주고, 재워주고 참 따뜻한 분들이었고 지금 또한 똑같이 대해주신다. 그래서 더 고맙다. 형들과는 때로는 싸우기도 했지만, 근본적으로는 서로를 아끼는 마음이 컸다. 농사일을 할 때도 형들이 먼저 힘든 일을 맡았고, 나에게는 상대적으로 쉬운 일을 시켰다. 그것이 당연하다고 생각했는데, 지금 돌이켜보면 형들의 배려였다.

아홉 남매라는 대가족에서 자라면서 나는 자연스럽게 '더불어 사는 삶'의 소중함을 배웠다. 밥 한 그릇도 나누어 먹어야 하고, 옷 한 벌도 형이 입다가 동생에게 물려주어야 하는 환경에서, 나 혼자만 잘되면 되는 것이 아니라 모두가 함께 잘살아야 한다는 공동체 의식이 자연스럽게 몸에 밴 것이다. 그 시절에는 몰랐지만, 지금 돌이켜보면 이 모든 경험이 훗날 내 인생의 든든한 토대가 되었다.

가난했지만 서로를 아끼고 배려하는 마음, 어려움에도 희망을 잃지 않는 정신력, 그리고 무엇보다 가족이라는 울타리 안에서 느꼈던 무조건적인 사랑. 이 모든 부분이 바로 내가 아홉 남매 중 여덟 번째로 태어나 받은 가장 큰 선물이었다. “가난하다고 해서 꿈까지 가난할 필요는 없다.” 어머니가 자주 하시던 말씀이다. 비록 물질적으로는 넉넉하지 못했지만, 우리에게는 서로에 대한 사랑과 미래에 대한 희망이 있었다. 그것이 바로 우리 가족의 진짜 재산이었다.

그 시절 우리 집은 전형적인 시골집이었다. 밤이 되어 불을 끄면 천장에서 쥐들이 “다다다닥, 다다다닥” 힘찬 달리기를 했고, 그 소리에 시끄러워서 잠을 이루기 힘들어서 때로는 나뭇가지로 천장을 두드리며 조용히 하라고 소리치곤 했다. 나중에는 그 소리가 자장가처럼 편안함을 만들어 주는 정겨운 소리였음을 알았다.

내가 태어나고 몇 년 지나지 않아 기와집을 지었는데 그때 바른 벽지는 내가 성인이 되고 다시 도배했던 것 같다. 우리 집 아랫목엔 아버지 자리가 있었다. 부엌 위쪽으로는 벽장이 있고 안방 문 옆에는 가로세로가 약 50cm 정도 되는 작은 문이 있어서 밖에서 소리가 나면 아버님은 밖을 내다보는 용도로 사용하셨고 아버님 뒤쪽으로는 부엌으로 향하는 문이 있었다. 할머니는 안방 뒷문 쪽에 서랍이 있는 문갑과 화로와 곰방대을 놓을 수 있도록 만들어서 주무실 때 그 자리에서만 주무시곤 하셨다.

02

강제징용의 상흔과 가족의 사랑

아버지의 침묵 속에 숨겨진 아픔

아버지는 말수가 적은 분이셨다. 하루 종일 들에서 일하시다가 해 질 녘이면 마루에 앉아 담뱃대를 물고 먼 산을 바라보시곤 하셨다. 그 모습을 지켜보는 어린 나는 아버지가 무엇을 생각하시는지 궁금했지만, 감히 물어볼 엄두를 내지 못했다.

아버지 늘 아프고 힘드셨다. 허리를 곧게 펴기 힘들어하셨고, 오래 서 있으면 다리를 절뚝거리셨다. 어머니는 그런 아버지의 등과 다리를 자주 주물러드렸다. 한밤중에도 아버지의 뒤척이는 이리가 나면 어머니가 아버지의 아픈 곳을 어루만져 드리는 모습은, 어린 내 마음도 많은 아픔을 느낄 수 있었다.

"엄마 아버지는 왜 아파?" 어느 날 어머니에게 물었을 때, 어머니는 한참을 말없이 계시다가 조용히 말씀하셨다. "일본놈들이 아버지를 끌고 가서 그렇게 만들어놨단다." 그때는 그 말의 의미를 정확히 알지 못했다. 다만 일본이라는 나라가 우리 아버지에게 나쁜 일을 했다는 것만 어렴풋이 이해했을 뿐이다.

그 이후 아버지와 어머니 그리고 큰형님, 큰누나가 돌아가시고 둘째, 셋째, 막내 누나로부터 아버지에 대해 알 수 있었다. 가슴이 미어지고 먹먹함을 어떻게 표현해야 할지, 내가 조금만 더 관심을 가지고 부모님께서 살아계실 때 기록이라도 해둘걸 하는 후회가 밀려온다.

누나들의 증언에 의하면 아버지는 1921년생 이시고, 1940년 정도에 일본에 끌려가셨다고 한다. 일본놈들이 집에 들어오더니 아버지 이름을 부르면서 잡혀가셨다 한다. 일본에서 고된 강제 노동과 확대로 인한 후유증으로 허리부터 다리, 손가락까지 장애를 입으셨다 한다. 해방 이후 아버지는 한국으로 들어오는 배를 타지 못하고 뗏목을 만들어서 거기에 2~30여 명의 강제 징용 노역자들과 함께 고국으로 돌아오셨다고 증언하신다.

육지에 도착 후 모두가 아버지 얼굴만 바라보고 있었단다. 배가 고파서 어디로 가야 할지 몰랐기 때문에. 아버지만 바라보고 있는 그 모습들이 아파서 혼자서 걸인 같은 모습으로 먹을 것을 구하고 배불리 먹인 다음 어떻게 가야 하는지 알려주시고 고향 땅에 돌아오셨다고 한다.

아버지는 강제노역 후유증으로 평생을 장애를 안고 사셨고 어린 나이에 시집오신 어머니는 장애 아버지를 자신의 삶보다 더 위하셨고 또한 가족을 위한 헌신과 사랑으로 대해주셨다.

어머니는 그 어떤 분보다 따뜻한 성품을 지닌 분이셨다.

자식들이 짊어진 농사일

아버지의 몸이 불편하시다 보니 자연히 농사일의 많은 부분이 우리 형제들의 몫이 되었다. 내가 국민학교에 다닐 때부터 이미 어른들과 같은 일을 해야 했다. 새벽 4시면 어김없이 깨어났다. 어머니가 방문을 살짝 열고 "얘들아, 일어나라!"고 부르시면, 잠이 덜 깬 채로 일어나 들로 나갔다. 논밭에 거름을 지고 나르는 일이 첫 번째 할 일이었다. 지게는 내 키보다 컸다. 거름을 가득 담으면 어린아이가 짊어지기에는 넘 무거웠고 그 무거운 짐을 지고 좁은 논둑길을 걸어야 했다. 발을 헛디디면 논바닥에 빠져 온몸이 진흙투성이가 되곤 했다.

"형, 너무 무거워요. 못 지겠어요." 그럴 때면 바로 위 형이 내 지게 일부를 나누어 짊어주었다. 형도 자기 몫이 있었지만, 동생을 그냥 두고 볼 수는 없었기 때문이다. 여름에는 논매기가 기다리고 있었다. 뜨거운 햇볕 아래에서 허리를 굽히고 하루 종일 풀을 매야 했다. 등과 목덜미가 따갑게 타들어 갔지만, 모내기를 다시 해야 한다는 아버지의 걱정 어린 목소리를 들으면서 일을 해야 했다.

봄과 가을이 되면 누에치기가 시작되었다. 잠실(누에를 기르는 방)에서는 수많은 누에가 뽕잎을 갉아 먹는 소리가 끊임없이 들렸다. 누에들이 뽕잎을 먹는 소리는 "사각사각" 들리기도 하고 마치 장맛비 소리와 같이 여유롭고 풍요로움을 느끼게 하는 아름다운 선율 같아서 그 소리를 들으면서 방에 누워있으면 평안함과 졸음이 절로 오는듯했다. 그 소리는 마치 천사가 내는 소리와 같았다.

엄마는 “누에들이 이렇게 잘 먹는데 빨리 가서 뽕잎을 더 따야겠다.” 하고 말씀하셨다. 애기 누에는 연한 뽕잎만을 따다가 밥을 주고 조금 성장하면 뽕나무를 통째로 베어서 채반 위에 올려주면 준다. 그러면 눈 깜짝하는 사이에 다 먹어서 뽕잎 대주는 게 쉽지는 않았었다. 뽕잎을 따다가 누에들에게 주면, 그들은 정말 기뻐하는 듯 한 번에 우르르 달려들 때면 그 모습이 어찌나 신기한지 한참 동안 지켜보곤 했다. 그 애지중지 키웠던 누에들이 하얗고 둥글둥글한 고치를 만들면, 그것을 기계로 돌리고 예쁘고 깔끔하게 포장해서 판매하고 그 돈 일부는 우리들을 위해서 라면과 국수는 꼭 사오셨다.

내가 중학교에 다닐 무렵에는 구루마(수레)를 끌고 장터에 나가는 일도 내 몫이었다. 새벽에 밭에서 딴 열무를 구루마에 가득 싣고, 4km나 떨어진 옥과장까지 가져가야 했다. 구루마로 비포장 신장로를 달리다 보면 돌멩이에 걸려 넘어질 뻔한 게 한두 번이 아니다. 그럴 때마다 가슴이 철렁 내려앉는 것 같았다. 구르마가 넘어지는 것보다 어머니께서 힘들게 키운 열무가 한순간에 망가질 가바 그게 더 걱정이었었다.

어머니은 늘 나눔을 실천하셨었다. 우리 집은 비록 가난했지만, 어머니는 우리보다 더 어려운 사람들을 결코 외면하지 않으셨다. 마을에는 매일 아침밥을 얻어먹으러 다니는 걸인들이 많았다. 매일 아침이면 걸인들이 마을을 다니기 때문에 다른 집에서는 쫓아내기 일쑤였지만, 어머니는 언제나 따뜻한 밥을 대접해 드렸다. 그분들은 우리 집안 행사를 다 꿰고 그날이면 새벽부터 기다리고 계셨었다.

“엄마, 저 사람들 모두에게 밥을 왜 줘? 엄마는 굶으면서?” 어느 날 내가 물었을 때, 어머니의 대답은 “아들아, 세상에는 우리보다 더 힘든 사람들이 많단다. 우리가 받은 것을 나누는 게 도리지. 하늘이 우리를 도와주시는 것도 우리가 남을 도와주기 때문이야.”

어머니는 그 걸인 들을 마루에 앉혀두고 밥을 먹여드린 후, 때로는 목욕까지 시켜서 보내주셨다. 걸인들은 고맙다는 말을 연신 하시면서, “이 집에 복이 많이 들어올 거야.”라고 말씀하셨다. 정말 그런 것 같았다. 우리 집은 물질적으로는 넉넉하지 못했지만, 가족 모두가 건강하고 화목했다. 그리고 아홉 명의 자녀가 모두 각자의 자리에서 성실하게 살아가게 되었다.

엄마는 장애를 지닌 아이와 그 부모에 대한 연민이 있었다. 마을에는 뇌성마비를 앓고 있는 아이가 한 명 있었다. 그 아이의 어머니는 늘 한숨을 쉬며 “내가 하루만 더 살았으면 좋겠다.”라고 말씀하시곤 하셨다. 자식보다 하루라도 더 살아서 돌봐주어야 한다는 절절한 모정이었다. 그 어머니가 바쁘거나 일이 있으면 우리집에 맡기고 급한 일을 보곤 했는데 그 와중에도 씻기고 밥해서 먹이고 내 자식같이 돌보는 것을 게을리하지 않으셨는데 우리 엄마는 그 마음을 누구보다 잘 이해하셨기 때문일 것이다.

또한 아홉 명의 자식을 키우시면서 느끼신 모성애가 있었고 엄마의 마음은 그만큼 따뜻한 분이었다. “우리 아들아, 저 아이를 놀리거나 피하면 안 된다. 다 같은 하늘 아래 사는 소중한 사람이야.” 어머니의 가르침 덕분에 우리 형제들은 그 아이를 자연스럽게 받아들였다. 함께 놀아주고 함께 웃고 떠들면서 살았었다. 그 아이의 어머니는 우리 어머니를 '은인'이라고 부르셨다.

부모님의 삶의 철학이 준 교훈이었다. 이런 환경에서 자라면서 나는 부모님으로부터 인생의 중요한 가치들을 배웠다. 무엇보다도 '나눔의 정신'을 배웠다. 어머니가 보여주신 것처럼, 내가 가진 것이 적어도 나보다 더 어려운 사람을 돌아보는 마음을 갖게 되었다.

또한 '가족의 소중함'을 절실히 깨달았다. 아버지의 강제징용 경험을 들으며, 가족이 함께 있을 수 있다는 것 자체가 얼마나 큰 행복인지를 알았다. 그리고 서로를 아끼고 돌보는 것이 얼마나 중요한지를 배웠다. '근면성실'의 가치도 자연스럽게 체득했다. 어린 나이부터 농사일을 도우며, 일하는 것이 결코 부끄러운 일이 아니라는 것을 알았다. 오히려 땀 흘려 일한 후의 보람과 성취감을 느낄 수 있었다.

무엇보다 소중하게 느끼고 있는 것은 '공동체 의식'을 배웠다는 점이다. 아홉 남매라는 대가족에서 자라면서, 나 혼자만 잘되면 되는 것이 아니라 모두가 함께 잘살아야 한다는 것을 깨달았다. 이런 의식이 훗날 내가 지역사회를 위해 헌신하게 된 근본적인 동기가 되었다.

고난 속에서 피어난 희망

가난했지만 사랑이 넘치는 가정에서 자란 덕분에, 나는 어려운 현실에 굴복하지 않고 희망을 품을 수 있었다. 아버지의 강제징용 경험은 우리 가족에게 큰 시련이었지만, 동시에 그것을 극복해 나가는 과정에서 더욱 끈끈한 가족애를 형성할 수 있었다. 어머니의 무한한 사랑과 희생, 형제자매들 간의 따뜻한 우애, 그리고 이웃에 관한 관심과 배려. 이 모든 부분이 어우러져서 비록 물질적으로는 가난했지만, 정신적으로는 풍요로운 어린 시절을 보낼 수 있었다.

그 시절의 모든 경험이 훗날 내 인생의 든든한 밑바탕이 되었다. 강제징용의 상흔은 아픔이었지만, 그 아픔을 이겨내며 보여주신 부모님의 강인함과 사랑은 내게 인생의 가장 소중한 교훈이 되었다. "고생 끝에 낙이 온다더니, 정말 그런가 봅니다." 나중에 어머니가 하신 말씀이다. 아홉 명의 자녀가 모두 각자의 자리에서 성실하게 살아가는 모습을 보시며, 어머니는 그동안의 모든 고생이 보상받는다고 느끼셨을 것이다. 그 말씀을 들으며 나는 가족이라는 이름으로 함께 견뎌온 모든 시간이 얼마나 소중했는지를 다시 한번 깨달았다.

부모님의 살아오신 뒷모습을 보면서 내 삶에도 영향을 주었다. 가족에게 배운 책임과 인내, 그리고 어려움에도 흔들리지 않는 헌신은 시민을 위해 일할 때 제가 지켜야 할 기준이 되었다. 주변 사람들을 배려하며 작은 문제도 놓치지 않고 해결하려는 태도는 정책을 추진하고 지역사회의 다양한 이해관계를 조율하는 과정에서도 그대로 이어지고 부모님이 보여주신 삶의 방향을 통해 위기 속에서도 흔들리지 않는 결단력과, 주변 사람을 위해 헌신하는 마음가짐을 갖게 되었고, 가족의 헌신은 제 삶의 나침반이 되었으며 아버지의 강인함과 어머니의 헌신에서 배운 가치는 시민을 위한 책임감과 실천력으로 이어지고 지역사회를 위해 봉사하는 힘이 되었다.

03
달력 속에서 찾은 운명의 씨앗

1974년 겨울, 한 장의 달력이 가져온 변화

그해 겨울은 유난히 추웠다. 아궁이에 불을 때도 방구석까지는 온기가 닿지 않아서, 이불을 뒤집어쓰고 책을 읽어야 할 정도였다. 그런 추운 겨울날, 우리 집에 한 장의 달력이 도착했다.

마을 이장님이 직접 가져다주신 그 달력은 여느 해와 달랐다. 보통은 농협이나 비료 회사에서 나온 단순한 농업 달력이었는데, 이번에는 뭔가 특별한 느낌을 받았다. 달력 한가운데에는 정장을 입은 중년 남성의 사진이 크게 인쇄되어 있었고, 그 아래에는 '고재청 국회의원'이라는 글자가 선명하게 적혀 있었다.

"이분이 우리 동네 국회의원입니다." 이장님이 어머니에게 설명해 주시는 말을 들으며, 나는 그 달력을 자세히 들여다보았다. 하지만 어린 나에게는 그런 설명보다 달력 자체가 더 신기했다. 12개월의 월력이 깔끔하게 정리되어 있고, 중앙의 사진은 마치 우리를 지켜보고 있는 것 같았다. 지금 생각해 보면 단순한 정치인 홍보물이었겠지만, 당시의 나에게는 그 어떤 달력보다도 특별해 보였다.

국회의원 부의장을 역임한 고재청 의원은 정치인이 무엇인지 알려주신 분이다.

마을 전체를 뒤덮은 한 사람의 존재감

며칠 지나지 않아 놀라운 사실을 발견했다. 우리 집뿐만 아니라 마을의 거의 모든 집에 같은 달력이 붙어 있는 것이었다. 친구 집에 놀러 가도, 이웃집에 심부름을 가도, 어디를 가든 고재청 국회의원의 사진을 만날 수 있었다.

"와, 이 사람 진짜 대단하다!" 어린 마음에 순수한 감탄이 일었다. 박정희 대통령의 사진은 학교나 관공서, 새마을회관 같은 공공장소에서나 볼 수 있었는데, 이 국회의원은 집집마다, 그것도 가장 눈에 잘 띄는 벽에 걸려 있으니 말이다.

"국회의원이 대통령보다 더 대단한 사람인가 보다." 그런 엉뚱한 생각까지 들었다. 대통령은 멀고 높은 곳에 있는 존재 같았지만, 국회의원은 우리 집 안방 벽에 있으니 훨씬 가깝고 친근하게 느껴졌다. 마을 어른들의 이야기를 들어보면 모두 존경하는 분 같았다. "고 의원님 덕분에 우리 지역에 도로가 생겼다."라고 의원님이 농민들을 위해 많은 일을 하신다는 이야기들이 자주 들려왔다.

우리 같은 시골집 벽지는 한 번 도배하면 다시 갈아 바르는 일이 거의 없었다. 대신 해마다 새로운 달력이나 농업 관련 자료들을 기존 것 위에 덧붙여 나갔다. 그래서 벽을 자세히 보면 여러 해의 흔적이 층층이 쌓여 있었다. 1972년 농협 달력 위에 1973년 비료 회사 달력이 붙고, 그 위에 1974년 고재청 의원의 달력이 붙는 식이었다. 때로는 귀

퉁이가 들뜨면서 아래쪽 달력이 살짝 보이기도 했다. 마치 시간의 지층처럼 우리 집의 역사가 벽에 그대로 새겨져 있었다.

그중에서도 고재청 의원의 달력은 가장 오래 남아있었다. 1974년이 지나고 1975년, 1976년이 되어도 그 달력은 여전히 제자리를 지키고 있었다. 새로운 달력이 오면 그 옆에 붙이거나 아래쪽에 덧붙였지만, 고재청 의원의 달력만은 건드리지 않았다. 왜 그랬을까? 지금 생각해보니 그 달력이 단순한 시간표가 아니었기 때문인 것 같다. 그것은 희망의 상징이었고, 우리 농민들의 대변자라는 믿음의 표현이었다. 어머니나 아버지에게는 고재청 의원이 우리를 대신해서 서울에서 목소리를 내주는 고마운 분이었다.

매일 아침의 작은 의식

그 달력이 붙은 위치가 절묘했다. 아버지가 늘 앉아 계시는 자리 우리 집 안방 벽 가운데, 일어나면 가장 먼저 눈에 띄는 곳이었다. 그래서 매일 아침 일어나면 자연스럽게 그 사진과 눈이 마주쳤다. 처음에는 별생각 없이 보았다. 하지만 며칠, 몇 주, 몇 달이 지나면서 그 일상이 하나의 의식처럼 느껴지기 시작했다. 아침에 일어나서 고재청 의원의 사진을 보고, 농사 일을 하러 나가기 전에 한 번 더 보고, 학교에서 돌아와서도 보고, 잠자리에 들기 전에도 보았다. 그 사진 속의 고재청 의원은 언제나 같은 표정이었다. 엄숙하면서도 따뜻한, 신뢰감을 주는 표정이었다. 정장을 단정하게 차려입고, 약간의 미소를 머금은 채 정면을 바라보고 있었다. 마치 "너희들을 지켜보고 있다."라고 말하는 것 같았다.

“저 사람은 어떤 일을 하는 걸까? 왜 모든 집에 저 사람 사진이 있는 걸까? 저렇게 되려면 어떻게 해야 하는 걸까?” 이런 호기심들이 하루에도 몇 번씩 머릿속을 스쳐 지나갔다. 그때는 정치가 무엇인지, 국회의원이 구체적으로 어떤 일을 하는지 전혀 알 수 없었다. 다만 많은 사람에게 알려진, 존경받는, 중요한 일을 하는 사람이라는 것만 느낄 수 있었다.

어린 마음에 싹튼 막연한 꿈

“나도 커서 저런 사람이 되면 좋겠다.” 어느 날, 나도 모르게 이런 생각이 들었다. 물론, 구체적인 계획이나 목표가 있었던 것은 아니다. 그저 막연한 동경, 순수한 호기심에서 나온 꿈이었다. 국회의원이 무엇을 하는지도 모르면서, 그저 많은 사람에게 알려지고 존경받는 그런 사람이 되고 싶다는 소망이었다.

학창 시절 친구들과의 추억 역시 소중한 경험이다.

친구들과 장래 희망을 이야기할 때도 "나는 공무원 아니면 국회의원이 되고 싶어."라고 말하곤 했다. 친구들은 대부분 '선생님', '의사', '군인' 같은 답을 했는데, 나만 유독 공무원과 국회의원이라고 했다. 친구들이 "그게 뭐야?"라고 물으면, 나도 정확히 설명할 수는 없었다. "중요한 일 하는 사람이야."라고 대답하는 게 고작이었다.

선생님이 장래 희망을 글로 쓰라고 했을 때도 공무원, 국회의원으로 적었다. 다른 아이들과 달랐기 때문이었을까? 선생님이 따로 불러서 물어보셨다. "왜 국회의원이 되고 싶어?" 국회의원이 뭔지 몰랐던 나는 솔직히 대답했다. "음... 많은 사람을 도와줄 수 있을 것 같아서요."라고 말이다.

지금 생각해 보면 참 순진한 대답이었다. 하지만 그때 그 순간의 마음은 진실했다. 고재청 의원이 우리 지역 사람들을 위해 일한다는 어른들의 이야기를 듣고, 나도 그런 사람이 되어서 많은 사람에게 도움이 되고 싶다고 생각했던 것 같다.

달력이 가르쳐 준 인생의 철학이었다. 그 달력을 매일 보면서, 나도 모르게 중요한 깨달음을 얻었다. 물론 그때는 의식하지 못했다. 그러나 지금 돌이켜보니 당시 얻은 깨달음을 정리할 수 있을 것 같다.

첫 번째는 '꿈의 힘'이었다.

그 달력은 내게 처음으로 구체적인 꿈을 갖게 해주었다. 농부의 아들로 태어나 농사일만 하며 살 줄 알았던 내가, 다른 길도 있다는 것을 알게 해주었다. 비록 막연한 꿈이었지만, 그 꿈이 있었기에 공부에 대한 의욕도 생겼고, 세상에 대한 호기심도 커졌다.

두 번째는 '친근함의 중요성'이었다.

대통령은 신문이나 TV에서만 볼 수 있는 먼 존재였지만, 국회의원은 우리 집 안방에 있는 가까운 존재였다. 그 차이가 얼마나 큰지를 어린 마음으로도 느낄 수 있었다. 사람들과 가까이 지내는 것, 그들의 일상으로 스며드는 것이 얼마나 중요한지를 배웠다.

세 번째는 '지속성의 가치'였다.

그 달력은 10년 가까이 우리 집 벽에 붙어 있으면서 끊임없이 내게 영감을 주었다. 하루 이틀이었다면 그냥 지나쳤을 텐데, 매일 같은 자리에서 나를 바라보고 있으니 자연스럽게 마음속에 새겨질 수밖에 없었다. 어떤 일이든 꾸준히, 지속적으로 해야 한다는 교훈을 얻었다.

네 번째는 '꿈을 현실화하는 방법'에 대한 것이었다.

고재청 의원이 어떻게 그런 지위에 오를 수 있었을까를 생각해보면서, 단순히 바라기만 해서는 안 되고 노력과 준비가 필요하다는 것을 알게 되었다. 공부를 열심히 해야 하고, 많은 사람들의 마음을 얻어야 하고, 실력을 갖춰야 한다는 막연한 깨달음이었지만, 그것만으로도 충분히 의미가 있었다.

시간이 흐르며 그 꿈은 서서히 옅어져 갔다. 10대와 20대를 지나면서 그 꿈은 점차 기억 속으로 사라져 갔다. 중학교, 고등학교를 거치면서 현실적인 문제들에 부딪혔다. 집안 형편상 대학 진학이 쉽지 않았

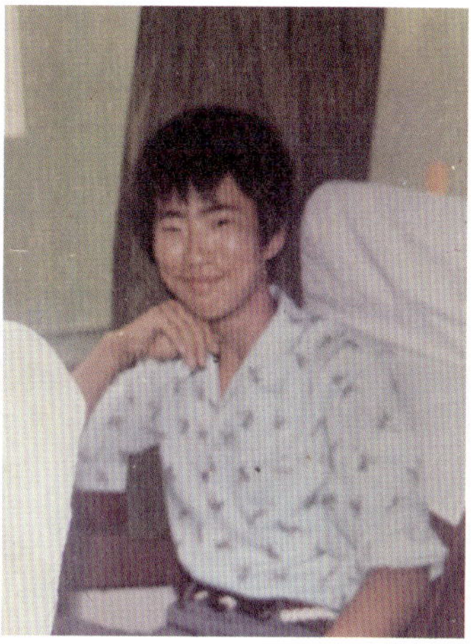

어른이 빨리 되고 싶던
고등학생 시절

군복무를 마친 뒤 시작한 사회생활은 생각보다 훨씬 치열했다

고, 당장 생계를 위해 일을 해야 했다. 군 복무를 마치고 25살이라는 어린 나이에 결혼했고 오산에 정착하면서 아이들이 태어났다. 매일 매일이 생존의 연속이었다. 가족을 책임져야 하는 현실 앞에서 어린 시절의 꿈은 사치처럼 느껴졌다. 국회의원이 되겠다는 꿈보다는 당장 내일 먹을 것을 마련하는 것이 더 중요했다.

어린 시절 고재청 의원의 달력을 보며 품었던 꿈은 까맣게 잊고 살았었다. 하지만 인간의 마음이란 참 신기한 것이다. 까맣게 잊고 살았던 기억이 어느 순간 갑자기 되살아났는데 그 씨앗은 내 마음 깊은 곳에서 긴 잠을 자고 있었다.

우연한 계기로 되살아난 기억

40대에 접어들어 어느 정도 경제적 여유가 생겼을 때였다. 지역에서 작은 사업을 하면서 여러 사람을 만날 기회가 많아졌다. 그러면서 자연스럽게 지역사회의 문제에 관심을 가지게 되었다. 도로가 좁아서 교통이 불편하다는 이야기, 농민들이 어려움을 겪고 있다는 이야기, 젊은이들이 도시로만 떠나간다는 이야기 등 이런 이야기들을 들으면서 "누군가는 이런 문제들을 해결해야 하는데…"라는 생각이 들었다.

씨앗이 다시 싹트는 순간이었다! 그 달력은 단순한 종이 한 장이었지만, 내 인생의 나침반과 같은 역할을 했다. 어린 시절에는 꿈을 심어주었고, 중년이 되어서는 그 꿈을 다시 일깨워 주었다. 지금 생각해 보면 고재청 의원의 달력이 내게 준 가장 큰 선물은 '정치에 대한 관심'이 아니라 '사람들을 위해 무언가 하고 싶다는 마음'이었다. 그 마음이 있었기에 지역사회 문제에 살펴보게 되었고, 직접 나서서 해결책을 찾아보고 싶다는 생각까지 갖게 된 것이다.

어린 시절의 순수한 꿈이 세월의 풍파를 견디고 다시 고개를 드는 순간을 경험한다는 것은 참으로 신기하고 감동적인 일이었다. 그 순간 나는 깨달았다. 진짜 꿈은 결코 죽지 않는단 것을. 잠시 잊힐 수는 있어도, 때가 되면 반드시 다시 살아난다는 것을.

운명의 실마리를 찾아서

그 달력을 통해 처음 정치에 관심 가지게 된 지 30여 년이 지난 지금, 나는 그것이 단순한 우연이 아니었다고 생각한다. 바로, 운명의 실마리였다. 만약 그때 고재청 의원의 달력이 우리 집에 오지 않았다면 어떻게 되었을까? 아마도 나는 평범한 농민의 아들로 자라서, 평범한 농민이 되어 살았을 것이다. 그것도 나쁘지 않은 인생이었겠지만, 지금과는 완전히 다른 삶을 살았을 것이다. 하지만 그 달력 한 장이 내 인생의 방향을 바꿔놓았다. 꿈을 갖게 해주었고, 세상을 넓게 바라보게 해주었고, 결국은 내가 진정 원하는 길을 찾게 해주었다.

꿈의 씨앗을 심어준 고마운 달력

지금도 가끔 그 달력을 떠올린다. 1974년 겨울부터 10년 가까이 우리 집 벽에 붙어있으면서, 매일 같은 자리에서 나를 바라보던 고재청 의원의 사진. 그 사진이 내게 말해주었던 것은 이런 것이었을 것이다.

"너도 할 수 있다. 농촌에서 태어났다고, 가난한 집 자식이라고 포기하지 마라. 꿈을 가져라. 그리고 그 꿈을 향해 꾸준히 나아가라. 언젠가는 반드시 이룰 수 있을 것이다."

물론 그때는 그런 메시지를 의식적으로 받아들인 것은 아니다. 하지만 지금 돌이켜보면, 그 달력이 내게 전해준 가장 중요한 메시지가 바로 그것이었던 것 같다. 그래서 나는 지금도 그 달력에 감사하다. 그리고 고재청 의원에게도 감사하다. 비록 개인적으로 만날 기회는 없었지만, 그분의 달력 한 장이 한 시골 소년의 인생에 얼마나 큰 영향을 미쳤는지를 안다면 분명 기뻐하실 것이다. "인생에서 가장 중요한 것은 꿈을 갖는 것이다. 그리고 그 꿈을 끝까지 포기하지 않는 것이다."

1974년 겨울, 한 장의 달력이 심어준 작은 씨앗이 수십 년의 세월을 거쳐 다시 싹을 틔우고 있다. 그 씨앗이 어떤 열매를 맺을지는 아직 모르지만, 분명한 것은 그 꿈이 나를 더 나은 사람으로, 더 의미 있는 삶을 살게 하는 원동력이 되고 있다는 것이다. 청소년기와 청년기를 거치면서 어린 시절 달력 속 고재청 의원을 보며 품었던 꿈은 점점 희미해져 갔다. 현실의 무게가 그 꿈을 서서히 덮어버린 것이다.

고등학교를 졸업하고 생활은 나를 철저히 현실주의자로 만들었다. 제대 후에는 당장 생계를 위해 일을 해야 했다. 국회의원이 되겠다는 원대한 꿈보다는 오늘 당장 먹고살 일이 더 절실했다. 스물다섯의 나이에 결혼했다. 서로의 어려운 형편을 잘 알고 있었기에, 화려한 결혼식 대신 소박한 예식으로 인생을 함께 하기로 약속했다. 신혼 초기는 정말 어려웠다. 작은 원룸에서 시작한 신혼생활, 둘이 벌어도 생활비가 빠듯했다. 아내는 미용실에서, 나는 건설 현장에서 막노동을 했다. 해가 지면 온몸이 쑤시고 아팠지만, 가정을 꾸려나간다는 책임감이 모든 고생을 견딜 수 있게 해주었다.

그 바쁘고 힘든 일상 속에서 어린 시절의 꿈은 기억 저편으로 완전히 사라져 갔다. 국회의원? 그런 꿈을 꾼 적이 있었나 싶을 정도로 까맣게 잊고 살았다. 매일 아침 일어나서 일터로 향하고, 저녁에 지쳐서 돌아오는 반복된 일상. 꿈을 꿀 여유조차 없었다.

생명의 탄생과 가장으로서의 각성

결혼 2년 만에 첫아이가 태어났다. 딸이었다. 분만실에서 갓 태어난 아이를 처음 안았을 때의 그 벅찬 감정을 어떻게 설명할 수 있을까. 작고 귀여운 생명을 바라보며 "이제 정말 가장이 되었구나."라는 책임감이 밀려왔다. "이 아이를 위해서라도 더 열심히 살아야겠다." 그때까지는 그저 하루하루 버티는 것으로 만족했다면, 이제는 더 나은 미래를 만들어야겠다는 의지가 생겼다. 아이가 자라면서 좋은 교육환경을 만들어 주고 싶었고, 경제적으로도 여유 있는 생활을 하게 해주고 싶었다.

2년 후에는 둘째 딸이 태어났다. 이제 네 식구가 된 우리 가족. 아이들을 키우면서 자연스럽게 교육에 관심을 가지게 되었고, 우리가 살고 있는 지역사회에도 눈을 돌리게 되었다. 아이들과 함께 동네 놀이터에 나가면서 다른 부모들과 만날 기회가 많아졌다. 그들과 이야기를 나누다 보면 자연스럽게 교육 문제, 환경 문제, 안전 문제 등이 화제가 되었다.

"이 동네 초등학교가 좀 낙후되었어요."
"놀이터 시설도 너무 오래되었어요."
"횡단보도에 신호등이 없어서 위험해요."

이런 이야기들을 들으면서 '누군가는 이런 문제들을 해결해야 하는데…'라는 생각이 들었다. 하지만 그때는 아직 내가 직접 나서겠다는 생각까지는 하지 못했다.

운명적인 순간 – 잠들어 있던 꿈의 깨어남

그런 내게 운명의 순간이 찾아왔다. 2000년경이었던 것 같다. 어느 날 저녁 TV를 보고 있는데, 지역 시·도의원들의 활동 모습을 다룬 뉴스가 나왔다. 그들이 지역 주민들을 위해 일하는 모습, 의정활동을 하는 모습을 보면서 문득 어린 시절의 기억이 되살아났다. "아, 그때 내 꿈이 국회의원이었는데…" 뭔가로 뒷통수를 한 방 세게 맞은 것 같았다. 어떻게 그 꿈을 잊고 살았을까? 왜 그 꿈을 포기했을까? 1974년 겨울, 우리 집 안방 벽에 붙어 있던 고재청 의원의 달력이 선명하게 떠올랐다. 그날 밤, 잠이 오지 않았다. 이불 속에서 뒤척이며 온갖 생각이 들었다. 그 꿈, 달력 속의 국회의원이 되고 싶다던 그 마음이 마치 겨울잠에서 깨어나는 것처럼 되살아난 것이다.

"지금이라도 늦지 않았을까?"
"내 나이가 벌써 마흔이 다 되어 가는데…"
"정치는 정말 어려운 분야인데 내가 할 수 있을까?"

하지만 다른 한편으로는 희망도 보였다. "그래, 오히려 인생 경험이 쌓이고, 경제적 여유도 있는 지금이 더 좋은 시기일 수도 있어. 어려운 시절을 겪어봤으니깐 서민들의 마음을 더 잘 알 수 있을 거야." 그렇게 밤새 고민했다. 그리고 끝내 결심했다. 다시 한번 그 꿈에 도전해 보자고.

“여보, 나 시의원 해보고 싶어.” 아내에게 조심스럽게 말을 꺼냈다. 아내는 한참을 말없이 나를 바라보더니 이렇게 말했다. “당신이 하고 싶은 일이라면 해봐. 나는 당신을 믿어.”

그 한마디가 나에게는 큰 힘이 되었다. 가족의 지지 없이는 어떤 일도 시작할 수 없다는 것을 알고 있었기 때문이다. “그래, 이제부터 본격적으로 시작해 보자!” 나의 어릴 적 꿈을 실천할 수 있다는 생각에 가슴이 두근대기 시작했다.

하지만 현실은 만만치 않았다. 뭘 해야 하지? 돈도 없고 빽도 없었다. 가진 거라고는 꿈과 의지뿐이었다. 그나마 다행인 것은 그동안 쌓아온 경험과 인맥이 있다는 것뿐이었다. 뭔가 되든 해보자. 대한민국에서 안 되는 게 뭐가 있겠는가? 이런 마음으로 스스로 반문해 보면서 두려움보다는 새로운 활력이 솟아났다.

우선 현직 의원들의 약력을 자세히 조사해보니 대부분 학교 관련 경력, 동사무소나 구청 등 행정 경력, 다양한 사회 경력, 사회복지사 등의 자격증 등을 가지고 있었다. 그럼 나도 할 수 있는 거부터 시작해야겠다고 생각하고 있는데 마침 큰아이가 초등학교에 입학하는 시기였다. 그러면 학교 일부터 시작해 보자. 학교운영위원회, 체육진흥회에 등록하고 막연한 꿈을 키워보기로 결심했다.

그날부터 나는 정치에 대해 본격적으로 공부하기 시작했다. 지방자치제가 어떻게 운영되는지, 시·도의원이 어떤 일을 하는지, 선거는 어떤 과정을 거쳐야 하는지... 모르는 것이 너무 많았다. 서점에 가서 정치 관련 책들을 사서 읽었다. 신문의 정치면도 꼼꼼히 읽기 시작했다.

뉴스도 예전보다 더 관심 있게 보았다.

무엇보다 중요한 것은 실무 경험이었다. 정치는 책으로만 배울 수 있는 것이 아니라, 직접 사람들과 만나고 소통해야 하는 일이었다. 그래서 가장 먼저 시작한 것이 학교 운영위원회와 체육진흥회 활동이었다. 큰아이가 초등학교에 입학하는 것을 계기로, 학부모로서 학교 일에 참여해 보기로 한 것이다.

정치인으로 가는 첫걸음이라고 생각했다. 작은 조직에서라도 사람들과 함께 일하는 경험을 쌓고, 의견을 조율하고 합의를 이끌어 내는 능력을 기르는 것이 필요했다. 물론 쉬운 일은 아닐 것이라는 각오는 하고 있었다. 하지만 30년 가까이 잠들어 있던 꿈이 다시 깨어난 이상, 이번에는 끝까지 도전해 보고 싶었다.

04

첫 도전의 시련과 창피한 건배사

학교 운영위원회 도전 – 예상치 못한 시련

큰아이의 초등학교 입학을 계기로 학교 운영위원회와 체육진흥회에 등록했다. 드디어 정치인으로 향한 첫걸음을 내딛는다는 설렘이 가득했다. 하지만 현실은 그리 호락호락하지 않았다.큰일이 생겼다. 정말 최악이었다. 모집인원보다 지원자가 더 많았기 때문이다. 누군가는 반드시 떨어져야 했다.

'어떡하지? 해야 하나? 포기해야 하나?' 끊임없는 갈등이 생겼다. 속이 울렁거리고 머리가 어지러웠다. 청심환이라도 먹어 볼까? 어떻게 이 난국을 헤쳐 나가야 할까? 학부모님들 앞에서 마이크를 잡고 나 자신을 홍보해야 했다. 뭐라고 말해야 하지? 원고를 써야 하나? 학교 다닐 때 줄반장 해본 것이 전부인데, 많은 사람 앞에서 말할 기회가 전무했기 때문이다.

설렘보다 두려움이 앞섰다. 나 자신에게 물었다.

"어찌할꼬? 내가 포기할까? 그냥 버티고 있어야 하나?"

마인드 컨트롤과 자기 다짐

"그래, 해보자!"

"꿈을 향해 가야 한다!"

나름대로 마인드 컨트롤을 해봤다. 지금 상황이 인생에서 최악의 상황이다. 그렇지만 전화위복의 시간으로 생각하자. 눈물 젖은 빵을 먹어본 사람만이 무너지지 않고 올라설 수 있다. 바닥을 다지는 일이다. 이 바닥을 잘 다져놓으면 더 이상 내려갈 곳은 없다. 오로지 올라가는 일만 남았다.

하지만 여전히 어려웠다. 학교 선생님들, 교장, 교감을 대하기가 너무 어려웠다. 어렸을 때는 '선생님 그림자도 밟지 말라'고 배웠는데, 내가 그 선생님들과 학부모들 앞에서 출마의 변을 말하려 하니 너무 힘들었다. 순간 부모님을 원망하기도 했다.

'이런 거라도 좀 학원을 보내주지?'

나 자신에게도 원망을 해봤다. 그래도 어찌하랴, 내가 선택해서 이 자리에 서 있는 것을... 누굴 원망하겠어?

'그래, 해보자.'

마음속으로 "마음을 안정시키려고 심호흡도 하고 노래도 부르고..." 부처님,하나님까지 소환했다.

그런데 기적이 일어났다. 누군가 한 명이 갑자기 사퇴를 한 것이다. 나하고 똑같은 마음이었던 사람이 있었나 보다.

"휴우~"

한숨을 깊게 뿜어냈다. 다행이다. 무사히 통과했다.

임명장을 받고 나니 기분이 한결 나아졌다. 다른 위원들이 "축하합니다"라며 식당에 가자고 제안했다.

"좋다, 오랜만에 갈비에 소주 한 잔 하자."

교장, 교감, 부장 선생님, 학부모 운영위원들과 함께 자리에 앉았다. 너무 좋았다. 내가 존경하고 사랑하는 분과 한 자리에서 식사할 수 있어서 들어오길 잘했다는 생각이 들었다.

그런데 예상치 못한 시련 찾아왔다. 건배사의 악몽이다. 그런데 아차, 술이 들어가면서 건배 제의가 돌아가기 시작했다.

'설마 나까지 오겠어, 내가 뭐라고?'

마음의 위안을 삼았는데... 제길, 이게 웬일인가. 나보고 건배사를 하라고 하는 것이었다. 나만의 착각일까? 자리가 너무 어려웠다. 이런 자리에서 아무 준비 없이...

"뭐라고 하지? 어떻게 하지?"

짧은 시간에 온갖 생각을 해봤다. 답이 없었다.

일단 잔을 들고 일어섰다.

"안녕하세요."

"처음으로 학교 일을 맡은 성길용입니다."

그다음이 문제였다. 머리가 하얘졌다. 할 말을 잊었다.

뭐라고 해야 하지? 고민하고 있는데 구세주가 나타났다. 옆에 앉은 운영위원이 한마디 거들었다.

"사랑합니다."라고.

나도 어떨결에 건배 제의를 "사랑합니다" 하고 자리에 풀썩 주저앉았다. 쥐구멍이라도 있으면 들어가고 싶었다. 너무 창피했다. 뭐라도 준비하고 올 걸, 후회가 물밀듯이 몰려왔다.

'괜히 왔나 보다. 이 자리가 내 옷이 아니나 보다. 다음에는 오지 말자. 오늘은 왔으니 정신똑바로 차리고 버티자.'

그렇게 하루가 지나갔다. 너무 창피했다. 나라는 인간이 너무 싫었다. 참담한 자괴감이 들었다.

'어떻게 수습하지? 방법이 뭘까? 에라 모르겠다. 될 대로 돼라!'

자리가 끝나고 집으로 향했는데, 집에 들어가지 못하고 갑골산으로 발길을 돌렸다. 이 창피함을 어떻게 극복할까? 감투봉까지 뛰어 올라갔다. 숨이 턱까지 올라옴을 느끼며 정자에 올라 앉았다.

내 자신에 대한 원망, 내 자신에게 실망 등...

"너 이렇게밖에 살지 못했니? 이 정도밖에 못해? 이리 살면 앞으로는 어떻게 하겠어?"

다른 한편에서는 '그래도 다행이다. 이제라도 시작했으니...'

내 마음속에서 두 사람이 싸움을 시작했다. 살벌했다.

결정했다. 이제부터는 내가 나를 관리하는 연습을 해보자. 말하는 연습, 행동 하나하나, 누군가에 의존하지 않고 스스로 해보는 거다. 시의원을 목표로 뛰어보자.

이제부터는 내 관리다. 해보는 거다.

그다음 해에 체육진흥회장에 도전했고 드디어 회장이 되었다. 하지만 여전히 말하는 것이 어려웠다. 대중 앞에서 내 생각을 표현하는 게 너무 힘들었다. 보이지 않는 트라우마가 있었다. 대인공포증, 무대공포증... 심장이 터질 듯이 힘들었다. 과연 극복할 수 있을지 두려웠다. 그래도 어찌하랴, 나와의 약속인데 해봐야지.

이 창피했던 경험은 내게 큰 교훈을 주었다. '준비 없이는 아무것도 할 수 없다'는 것을 뼈저리게 깨달았다. 그 이후로는 어떤 자리든 미리 준비하고 참석하는 습관을 기르게 되었다. 작은 모임이라도 내가 할 말을 미리 생각해 보고, 상황을 예상해 보고 참석했다. 실수는 누구나 하는 것이지만, 같은 실수를 반복하지 않는 것이 중요하다는 것을 배웠다. 그 부끄러운 순간이 오히려 나를 더 단단하게 만들어 준 셈이다.

05

학교에서 배운 인생의 교훈

철저한 준비의 중요성

학교 운영위원회와 체육진흥회에서의 첫 경험은 내게 많은 것을 가르쳐주었다. 무엇보다 '준비의 중요성'을 뼈저리게 깨달았다. 그 창피했던 건배사 사건 이후, 나는 철저히 준비하는 사람으로 변했다. 어떤 모임에 가더라도 미리 생각해 보고, 할 말을 정리하고, 상황을 예상해 보는 습관을 기르기 시작했다. 작은 수첩을 하나 사서 항상 가지고 다녔다. 모임 전에는 반드시 그 수첩에 이야기할 내용들을 간단히 적어 두었다.

자기소개는 어떻게 할 것인가?
오늘 회의의 핵심 안건은 무엇인가?
내가 제안하고 싶은 것은 무엇인가?

예상되는 질문과 그에 대한 답변 등 이런 식으로 미리 준비하고 가니, 훨씬 자신 있게 모임에 참여할 수 있었다.

체육진흥회장으로서의 첫 경험

체육진흥회장이 되고 나서는 더욱 많은 책임이 따랐다. 학교 체육 행사를 기획하고, 학부모들과 소통하고, 예산을 관리하는 일들이 생겼다. 처음에는 모든 부분이 낯설고 어려웠다.

'내가 이런 일을 제대로 할 수 있을까?'

의문이 들었지만, 하나하나 배워가면서 조금씩 자신감을 얻었다. 특히, 기억에 남는 것은 첫 번째 체육행사를 준비할 때였다. 학부모 체육대회를 개최하기로 했는데, 준비할 것이 산더미같이 많았다.

종목 선정
상품 준비
진행 순서
심판 섭외
음향시설 점검
응급용품 준비

처음에는 막막했다. 하지만 다른 학부모들이 하나둘씩 도와주면서 일이 순조롭게 진행되었다. 행사 당일, 많은 학부모와 아이들이 참여해서 즐거운 시간을 보낼 수 있었다. 아이들의 웃는 모습, 학부모들의 화합하는 모습을 보면서 뿌듯함을 느꼈다.

'아, 내가 이런 일을 해낼 수 있구나.'

자신감이 생겼다. 하지만 성공만 있었던 것은 아니다. 실패도 많이 했다. 한번은 학교 운영위원회에서 예산안을 검토하는 회의가 있었다. 미리 자료를 받아봤지만, 복잡한 숫자들을 이해하기 어려웠다. 그날 회의에서 다른 위원이 예산안의 문제점을 지적했는데, 나는 아무 말도 할 수 없었다.

회의가 끝난 후, 집에 돌아와서 깊은 자괴감에 빠졌다. '나는 아직 이런 일을 할 준비가 안 되어 있구나!'라는 생각이 들었다. 그래서 더욱 열심히 공부하기 시작했다. 학교 예산이 어떻게 편성되는지, 교육행정이 어떻게 이루어지는지, 학부모로서 알아야 할 권리와 의무는 무엇인지... 하나씩 배워나갔다.

몇 달 후, 다시 예산안 검토 회의가 있었다. 이번에는 철저히 준비했다. 자료를 여러 번 읽어보고, 이해되지 않는 부분은 미리 질문을 준비했다. 그날 회의에서 나는 몇 가지 중요한 지적을 할 수 있었다. 다른 위원들도 내 의견에 공감해 주었고, 결국 나의 발언이 일부 수정되었다. 그때의 성취감은 정말 컸다. '준비하면 할 수 있다'는 확신이 생겼다.

소통의 중요성을 깨닫다

학교에서의 활동을 통해 배운 또 다른 교훈은 '소통의 중요성'이었다. 처음에는 선생님들이 너무 어렵고 무서운 존재로 느껴졌다. 어린 시절부터 '선생님은 존경하고 우러러봐야 할 분'이라는 인식이 강했다. 하지만 함께 일하면서 보니 선생님들 역시 우리와 같은 평범한 사람들이었다. 아이들을 사랑하는 마음, 교육에 대한 열정, 때로는 현실적인 고민들까지... 인간적인 면이 많았다. 교장선생님과 개인적으로 대화할 기회가 생겼을 때, 그분이 하신 말씀이 지금도 기억에 남는다.

"성길용 위원님, 학교 운영에 관심을 가져주셔서 고맙습니다. 요즘 학부모들이 학교 일에 무관심한 경우가 많은데, 위원님처럼 적극적으로 참여해 주시는 분들 덕분에 학교가 발전할 수 있습니다."

그 말씀을 들으며, 내가 하는 일이 정말 의미가 있다는 생각이 들었다. 비록 작은 일이지만, 누군가에게는 도움이 되는 일인 것을 알게 된 것이다. 학부모들과의 관계도 마찬가지였다. 처음에는 서로 어색해했지만, 함께 일하면서 점점 가까워졌다. 아이들을 걱정하는 마음, 좋은 교육환경을 만들고 싶어하는 바램은 모두 같았으니까.

특히 다양한 직업을 가진 학부모들을 만나면서 많은 것을 배웠다. 회사원, 자영업자, 공무원, 전업주부 등 각각의 경험과 지혜를 나누어 주었다. 한 학부모는 기업체에서 인사관리 일을 하시는 분이었는데, 조직 운영에 대한 노하우를 많이 알려주었다. 회의를 효율적으로 진행하는 방법, 의견 충돌이 있을 때 중재하는 기술, 팀워크를 높이는 방법 등을 배울 수 있었다.

또 다른 학부모는 회계사였는데, 예산 관리하는 방법을 가르쳐주었다. 복잡해 보이는 숫자들을 어떻게 읽어야 하는지, 예산 계획을 세울 때 주의할 점은 무엇인지, 회계의 기본 원칙은 무엇인지를 알려주었다.

한 전업주부는 자원봉사 경험이 풍부한 분이었는데, 지역사회 활동의 노하우를 전수해 주었다. 어떻게 하면 많은 사람이 행사에 참여하게 할 수 있는지, 자원봉사자들의 동기를 유지하는 방법은 무엇인지 등을 배웠다.

이런 분들과의 만남을 통해, 내 시야가 많이 넓어졌다. '세상에는 정말 다양한 사람들이 있구나, 각자의 자리에서 최선을 다하고 있구나'라는 것을 느꼈다. 그리고 무엇보다 중요한 것은, 이런 다양한 배경을 가진 사람들이 아이들의 교육이라는 공통 목표를 가지고 함께 일할 수 있다는 것이었다. 서로 다른 관점을 가지고 있어도, 대화와 타협을 통해 합의점을 찾을 수 있다는 것을 경험했다.

경청의 기술을 배우다

그리고 무엇보다 '경청의 중요성'을 배웠다. 처음에는 내 의견을 관철시키려고만 했다. 다른 사람들이 말하는 것을 듣기보다는, 내가 하고 싶은 말을 하는 데만 집중했다. 남의 말이 끝나기도 전에 반박하거나, 내 생각을 끼워 넣으려고 했다.

하지만 시간이 지나면서, 듣는 것이 말하는 것보다 더 중요하다는 것을 깨달았다. 다른 사람의 의견을 잘 들어야, 더 나은 해결책을 찾을 수 있다는 것을 알게 된 것이다. 특히, 기억에 남는 경험이 있다. 한번은 체육행사 종목을 정하는 회의에서, 학부모들 사이에 의견 대립이 있었다. 어떤 분은 전통적인 종목을 고수하자고 했고, 다른 분은 새로운 종목을 도입하자고 했다.

"우리 때는 줄다리기, 달리기 이런 게 체육대회였어요. 아이들에게도 그런 전통을 가르쳐줘야죠."

"요즘 아이들이 그런 걸 재미있어할까요? 시대에 맞는 새로운 종목을 해야 참여도가 높아질 거예요."

양쪽 모두 일리가 있는 말이었다. 이에 나는 "그럼, 절반은 전통 종목으로, 절반은 새로운 종목으로 하면 어떨까요?"라고 나의 의견을 보탰다. 여러 마찰을 중재하기 위함이었다. 하지만 오히려 상황이 더 복잡해졌다. 어떤 종목을 전통으로 볼 것인지, 새로운 종목은 구체적으로 무엇을 할 것인지에 대한 논란이 생겼다. 그래서 우선 일단 모든 분의 의견을 차근차근 들어보기로 했다.

전통적인 종목을 선호하시는 분들의 이야기를 들어보니, 단순히 옛날 것을 고집하는 것이 아니었다. '아이들에게 우리 고유의 놀이문화를 알려주자'라는 교육적 목적이 있었다. 줄다리기를 통해서는 협동심을, 달리기를 통해서는 도전정신을 기를 수 있다는 것이었다.

새로운 종목을 원하시는 분들의 이야기도 들어보니, 무조건 새로운 것만 추구하는 것이 아니었다. '시대에 맞는 재미있는 활동을 하자'는 실용적 목적이 있었다. 요즘 아이들의 관심사에 맞는 활동을 통해 더 많은 참여를 유도하고, 체육에 대한 흥미를 높이자는 것이었다. 결국, 두 가지를 절충해서 전통 종목과 현대 종목을 적절히 섞은 프로그램을 만들었다.

오전에는 줄다리기, 달리기 같은 전통 종목을, 오후에는 학부모와 아이들이 함께하는 놀이 종목을 배치했다. 모든 분이 만족해했고, 행사도 성공적으로 이루어졌다. 아이들도 다양한 종목을 경험할 수 있어서 즐거워했다. 이 경험을 통해, '소통이란 내 말을 관철하는 것이 아니라, 서로의 입장을 이해하고 함께 최선의 방법을 찾아가는 과정'이라는 것을 배웠다.

체육진흥회장을 하면서 리더십이 무엇인지도 배웠다. 처음에는 리더십이란 앞장서서 결정하고 지시하는 것이라 생각했다. 하지만 실제로 해보니 그것보다 더 중요한 것들이 있었다. 가장 중요한 것은 '봉사하는 마음'이었다. 회장이라는 직책이 권력이나 특권을 의미하는 것이 아니라, 더 많은 책임과 더 많은 일을 의미한다는 것을 깨달았다.

체육행사를 준비할 때도 내가 가장 일찍 와서 준비하고, 가장 늦게 정리하고 가야 했다. 다른 학부모들이 편하게 참여할 수 있도록 뒷받침해 주는 것이 내 역할이었다. 또한 '신뢰를 쌓는 것'이 얼마나 중요한지도 배웠다. 약속한 것은 반드시 지키고, 실수했을 때는 솔직하게 인정하고, 공정하게 일을 처리해야 사람들이 따라온다는 것을 알았다.

한번은 체육행사 상품을 구매할 때 실수가 있었다. 예산을 잘못 계산해서 상품이 부족하게 된 것이다. 일부 아이들이 상품을 받지 못할 뻔했다. 그때 나는 솔직하게 상황을 설명하고, 내 실수임을 인정했다. 그리고 개인적으로라도 상품을 추가 구매해서 모든 아이들에게 상품을 줄 수 있도록 했다.

처음에는 '회장의 실수'라는 비난 자체가 두려웠다. 그런데, 학부모들이 오히려 "솔직하게 말해줘서 고맙습니다."라거나 "실수는 누구나 할 수 있는 것 아니겠어요?." 혹은 "회장님께서 책임감 있게 해결해 주셔서 다행이예요."라고 말해주었다. 그때 느꼈다. 진정한 리더십은 완벽해서 실수하지 않는 것이 아니라, 실수했을 때 책임지고 해결하는 것이구나.

학교 활동이 준 소중한 선물들

이렇게 2년여 동안 학교에서 활동하면서 정말 많은 것을 배웠다. 그 경험들이 모두 훗날 정치 활동을 할 때 큰 도움이 되었다. 무엇보다 '사람을 이해하는 능력'이 늘었다. 다양한 배경을 가진 사람들과 함께 일하면서, 각자가 왜 그런 생각을 하는지, 어떤 어려움을 겪고 있는지를 이해할 수 있게 되었다.

'문제 해결 능력'도 향상되었다. 복잡한 상황에서 핵심을 파악하고, 여러 대안을 검토한 후 최선의 해결책을 찾아가는 과정을 반복적으로 경험했다. '협상과 조정 능력'도 기를 수 있었다. 서로 다른 의견을 가진 사람들 사이에서 합의점을 찾고, 모두가 수용하는 방안을 만들어 가는 기술을 배웠다. 무엇보다 '공동체 의식'이 더욱 강해졌다. 개인의 이익보다는 전체의 이익을, 당장의 편익보다는 장기적인 발전을 생각하는 습관이 생겼다.

학교에서의 활동을 마무리하면서, 이제는 더 큰 무대에서 활동할 준비가 되었다는 자신감이 생겼다. 작은 조직에서나마 사람들과 함께 일하고, 성과를 만들어 낸 경험이 있으니까. 그 경험들이 바탕이 되어, 다음 단계로 나아갈 용기를 낼 수 있었다.

06

준비하는 세월과 오산대학교 입학

더 큰 꿈을 향한 첫걸음

학교에서의 활동이 어느 정도 궤도에 오르면서, 나는 문득 더 넓은 세계를 바라보게 되었다. 매일 반복되는 일상속에도 마음 한편에는 언제나 그 꿈이 자리하고다. 정치인이 되어 지역사회를 위해 봉사하고 싶다는 어린 시절부터 품어온 그 간절한 꿈이 이었다.

하지만 꿈만으로는 부족하다는 것을 점점 깨닫게 되었다. 현실은 생각보다 훨씬 복잡하고 치밀한 준비가 필요했고 정치인이 되기 위해서는 단순한 열정과 의지만으로는 안 된다는 것을, 더 많은 경험과 자격, 그리고 체계적인 지식과 경력을 만들어 나가야 한다는 것을.

어느 날 저녁, 집에서 대부분의 현직 시의원들의 프로필을 하나하나 찾아보았다. 그런데 놀라운 사실을 발견했다. 대부분 대학 졸업 이상의 학력을 가지고 있었던 것이었다. 어떤 분은 석사학위를, 어떤 분은 박사학위까지 가지고 계셨고, 사회경력, 사회복지사 등은 기본으로 가지고 있었다.

그 순간 나는 부끄러움과 동시에 절실함을 느꼈다. 고등학교 졸업이 전부인 학력으로는 경쟁하기에 턱없이 부족했다. 물론, 학력이 전부는 아니라고 생각하지만, 현실적으로 유권자들의 신뢰를 얻고 정책을 제안하기 위해서는 충분한 지식과 그것을 뒷받침하는 학력이 필요한 부분이었다.

늦깎이 학생이 되기까지

고민에 고민을 거듭한 끝에, 꿈을 향해 가기 위한 큰 결단을 내려야만 했다. 문제는 내 나이가 이미 마흔 가까이였고 아이들도 곧 대학에 갈 나이여서 결정이 쉽지 않았다. 하지만 꿈을 위해서라면 무엇이든 해야만 했다. 그러면서 집에서 가장 가까운 오산대학교 입학을 결정하고 수시로 접수와 합격 통지서를 받고 아내에게 솔직하게 말하고 이해를 구했었다.

늦깍이 대학 공부를 시작한 오산대학교

젊은 학생들과 함께 강의실에 앉아 공부하는 것이 처음에는 정말 어색했다. 아버지뻘 되는 나이의 제가 20대 초반의 학생들과 같은 책상에 앉아 필기하고 발표하는 것이

어색하기도 했고, 때로는 어려움이 많았다. 하지만 시간이 지나면서 젊은 학생들의 열정과 패기, 그들만의 신선한 관점과 아이디어에서 새로운 에너지를 얻을 수 있었고 젊은 친구들은 세상을 바라보는 시각이 나와는 달리 더 자유롭고 창의적이었다.

내가 미처 생각하지 못했던 부분들을 그들이 지적해 줄 때면, '아, 이런 관점도 있구나!' 하며 감탄하곤 했는데 반대로 내가 오랜 사회 경험을 통해 쌓은 지식과 통찰을 젊은 학생들과 나누는 것도 의미 있는 일이었다. 조별 과제를 할 때면 학생들이 제게 조언을 구하곤 했고, 저 또한 기꺼이 도움을 줌으로써 세대 간의 소통과 협력이 얼마나 소중한지 새삼 깨닫게 계기였었다.

공부와 병행하면서 주민자치위원회 제2대 최진응 위원장님을 모시고 간사직을 맡게 되었다. 우연한 기회였는데, 위원장님께서 직접 부탁하신 것이다.

"사업도 열심히 하고, 늦깎이 학생으로 대학에 다니는 열정이 보기 좋아요. 그래서 말인데 주민자치위원회 간사를 맡아서 같이 일해봅시다. 그 열정으로 말입니다."

학업과 사업만으로도 바쁜데 추가로 맡을 일이 생기는 부분이 처음에는 많은 부담이었다. 하지만 곰곰 생각해 보니 이것이야말로 지역사회가 어떻게 돌아가는지 직접 보고 체험할 수 있고 현장 경험을 쌓는 좋은 기회라는 생각이 들었다. 주민자치위원회에서 하는 일은 정말 다양했는데 작게는 마을 축제 기획부터 크게는 지역 현안 문제 해결까지, 주민들의 삶과 직결된 모든 일들을 다루고 있어서 실제로 주민들에게 피부로 와 닿을 수 있는 일이 대부분이었다.

주민자치위원회 활동을 처음 제안해주신 최진응 위원장님과 함께

가장 기억에 남는 일 중 하나는 마을 축제를 기획했던 일이다. 주민들의 화합을 위한 축제를 만들어 보자는 제안이 나왔고, 먼저 주민들의 의견과 설문조사상회를 통을 거쳐 위원 간의 회의와 끝없는 의견을 들으면서 어떤 축제를 원하는지, 언제 하면 좋을지, 어떤 프로그램이 필요한지 등을 꼼꼼히 파악했다. 그 결과 세대를 아우르는 축제, 즉 어르신들을 위한 국악 공연도 있었고, 아이들을 위한 체험 부스, 동민 전체를 위한 동민노래자랑 향토가수들의 무대 등 많은 주민이 참여해서 즐거워하는 모습을 보며 뿌듯함을 느꼈다.

환경 정화 활동, 작은 실천의 힘

환경 정화 활동도 의미 있는 경험이었습니다. 매월, 계절별 또는 명절을 앞두고 주 토요일을 주민들과 함께 거리 청소와 잡초 제거 작업을 했다. 처음 시작할 때는 참여하는 주민이 많지 않은 이유가 바쁜 현대인들에게 시간을 내라고 하는 것은 쉽지 않았다. 나 자신부터 솔선수범해서 나가면서 포기하지 않고 꾸준히 하면서 지나가는 주민들에게도 자연스럽게 참여를 권했었다.

내가 “안녕하세요, 함께 우리 동네 예쁘고 멋있게 만들어요!”라고 밝게 인사드리면, 처음에는 어색해하시던 분들도 점점 마음을 열고 참여해 주셨고 특히 한 할머니는 매주 빠짐없이 나와서 도움을 주셨는데, “젊은 사람들이 이런 일 하는 거 보니 기특하구만!”이라고 격려의 말씀도 아끼지 않으셨다. 몇 달이 지나자 눈에 띄는 변화가 생겼고 거리가 확실히 깨끗해졌을 뿐만 아니라, 주민들의 환경 의식도 높아졌음을 느낄 수 있었으며, 무심코 버려지던 쓰레기들이 줄어들고, 주민들끼리 서로 인사하는 모습도 많이 볼 수 있었다.

교통안전 캠페인은 학부모들의 요청으로 시작되었지만, 초등학교 앞 횡단보도에서 신호를 무시하고 지나가는 차량들 때문에 아이들이 위험함을 알 수 있었다. 학부모들과 함께 아침 등교 시간대에 나가서 경광봉을 들고 교통 정리를 하면 운전자들도 조심스럽게 운전하는 모습을 엿볼 수 있었다.

하지만 근본적인 해결책이 필요했고 캠페인만으로는 한계가 있다는 것을 느꼈다. 그래서 관련 기관에 정식으로 건의서를 제출하면서 도로 표지판 설치, 과속방지턱 설치, 횡단보도와 신호등 설치 등을 건의한 결과, 상당 부분이 개선되었다. 학부모와 인근 주민들이 "덕분에 아이들이 안전하게 학교에 다녀요. 이제 마음이 놓여요."라고 말씀하시는 모습에서 큰 보람을 느꼈다. 그 결과 아이들이 안전하게 학교에 다니는 모습을 보며 큰 보람을 느낄 수 있었다. '봉사란 바로 이런 것이구나.'라는 생각과 주민들의 불편함을 해결해 주고, 더 나은 환경을 만들어 주는 것이라는 걸 말이다.

주민들과의 만남, 진짜 봉사를 배우게 된 계기

주민자치위원회 일을 하면서 정말 다양한 주민들을 만날 수 있었다. 각자가 어떤 어려움을 겪고 있는지, 지역사회에 바라는 것이 무엇인지를 직접 들을 수 있었다. 이런 경험들이 모여서 제 안에서 봉사 철학을 형성해 갔다. 소상공인 이씨의 고민도 기억에 남는다. 작은 슈퍼마켓을 운영하시는 분이었는데, 대형마트의 진출로 매출이 계속 줄어들고 있다고 하소연하셨다.

"20년 넘게 이 동네에서 장사를 해왔는데, 이제 정말 힘들어요. 대형마트가 들어오고 나서부터 손님이 절반도 안 와요. 이렇게 가다간 문 닫아야 할 것 같아요."

개인적으로는 어떻게 도움을 드릴 방법이 없었지만, 소상공인 지원 정책에 대한 정보를 찾아서 알려드리고 또한 다른 주민들에게는 이곳에 가게가 없어지면 우리가 불편하다는 것을 알리면서 동네 상권 살리기에 동참해 달라고 호소하고 다닌 것이 작은 도움이었지만, 슈퍼 사장님께서 고마워하시는 모습에서 봉사자의 역할이 무엇인지 다시 한 번 생각할 수 있었다.

무엇보다 깨달은 것은 봉사가 결코 거창한 것이 아니라는 점이다. 주민들의 일상적인 불편함을 해결해 주는 것, 더 나은 삶을 위한 조건을 만들어주는 것, 소외된 이웃에게 따뜻한 관심을 보이는 것, 이 모든 부분이 바로 봉사의 본질이라는 생각이 들었다.

사회복지사 자격증, 전문성을 갖추다

바쁜 와중에도 사회복지사 자격증 취득에 도전했다. 시의원이 되려면 복지 분야에 대한 전문성도 필요하다고 생각했다. 특히, 우리나라가 급속한 고령화 사회로 접어들면서 복지 정책의 중요성이 더욱 커지고 있다는 것을 실감하고 있었다. 사회복지사 공부는 생각보다 훨씬 어려웠는데 사업과 공부 그리고 사회봉사 및 주민자치위원회 활동까지 병행하면서 추가로 자격증 공부까지 하려니 정말 시간이 모자랐다.

〈사회복지개론〉, 〈사회복지실천론〉, 〈사회복지정책론〉, 〈사회복지행정론〉 등 다양한 과목을 공부하면서 우리 사회의 다양한 문제들을 더 깊이 이해하게 되었는데 특히 인상 깊었던 것은 〈사회복지실천론〉에서 개별 사례를 통해 사회복지사가 어떻게 클라이언트를 도와야 하는지, 어떤 자세와 마음가짐을 가져야 하는지를 배우는 과목이다.

한 가지 기억에 남는 사례는 알코올 중독으로 고생하는 가장을 둔 가정의 이야기였는데, 단순히 가장의 알코올 중독 문제만 해결하는 것이 아니라 가족 전체의 상황을 종합적으로 파악하고 지원해야 했었다. 경제적 어려움, 자녀들의 교육 문제, 배우자의 정신적 스트레스, 이웃과의 관계 악화 등 하나의 문제가 연쇄적으로 다른 문제들을 만들어낸다는 것을 알았고. 그리고 이런 복합적인 문제들을 해결하기 위해서는 사회복지사 개인의 노력만으로는 부족하고, 지역사회 전체의 협력과 정책적 지원이 관공서에서의 개입, 경찰서와 소방서 등 모두가 필요하다는 것도 깨달았다.

노인 문제, 미래를 준비하다

사회복지사를 공부하면서 특히 관심을 가지게 된 분야는 노인 문제이다. 우리나라의 고령화 속도가 세계에서 가장 빠르다는 것을 알게 되었는데 2025년부터 초고령사회에 진입할 예정이라는 통계가 있었다. 노인 빈곤 문제 또한 심각하다는 것을 알았다. OECD 국가 중 노인 빈곤율 1위라는 불명예스러운 통계를 보며 나도 언젠간 그 세대에 있을 것이라는 현실에 마음이 무거웠다. 평생 열심히 일하고 자식들을 키워낸 나나 어르신들이 노후에 경제적 어려움을 겪는다는 것이 마음 아팠다.

고령화가 진행될수록 치매 환자는 계속 늘어날 텐데, 현재의 지원 체계로는 턱없이 부족하다는 것을 알 수 있다. 치매 환자를 돌보는 가족들의 고통 또한 엄마가 10여 년 동안 치매로 인해 고생만 하시다가 돌아가셨기 누구보다 피부로 느끼고 있었다.

'이런 문제들을 정책적으로 어떻게 해결할 수 있을까?'

계속 고하게 되었고 시의원이 되면 노인 복지 분야에 특별히 관심을 지니고 정책을 제안해야겠다고 다짐했다.

저출산 문제가 심각한 사회 문제로 대두되고 있는 상황에서, 아이들이 건강하고 안전하게 자랄 수 있는 환경을 만드는 것이 얼마나 중요한지, 특히 아동 학대 문제는 충격적이었다. 통계를 보니 매년 아동 학대 신고 건수가 증가하고 있었고, 상당수가 부모에 의한 학대라는 사실이 더욱 안타까웠다. 한 사례 연구에서 다룬 내용이 지금도 마음에 남아있다. 7세 아동이 부모의 방임으로 인해 영양실조에 걸렸던 사례였는데, 이웃 주민의 신고로 발견되어 보호받게 되었다는 내용이었다.

'만약 이웃 주민이 무관심했다면 어떻게 되었을까?' 하는 생각에 등

골이 서늘해졌다. 아이들을 보호하는 것은 단순히 부모만의 책임이 아니라 지역사회 전체의 책임이라는 부분을 알 수 있었다. 맞벌이 부부가 늘어나면서 방과 후 아이들을 돌볼 사람이 없는 경우가 많았거든요. 사교육비 부담 때문에 학원에 보내지 못하는 가정의 아이들은 더욱 소외될 수밖에 없다. '지역사회에서 아이들을 함께 키우는 시스템을 만들 수 있을까?' 시의원이 되면 아동 돌봄 지원 정책에도 힘써야겠다고 다짐했다.

장애인 문제, 차별 없는 사회를 꿈꾸며

장애인 복지 분야를 공부하면서 내 조카를 보면서 장애인 인식에 큰 변화가 있었다. 지금까지 장애인 문제를 단순히 '도움이 필요한 사람들'의 문제로만 생각했었는데, 장애인들이 겪는 어려움의 상당 부분이 개인의 신체적, 정신적 한계 때문이 아니라 사회의 편견과 제도적 차별 때문이라는 것을 알게 되었다. 예를 들어, 휠체어를 이용하는 분이 건물에 들어가지 못하는 것은 다리를 쓸 수 없기 때문이 아니라 건물에 경사로가 없기 때문이라는 부분 말이다.

시각장애인이 대중교통을 이용하기 어려운 것도 시각이 불편하기 때문이 아니라 점자 안내판이나 음성 안내 시설이 부족하기 때문이라는 것을 이해하게 되고 '그렇다면 사회 환경만 바뀌면 장애인들도 얼마든지 독립적인 생활을 할 수 있겠구나' 하는 생각이 들었다. 이것이 바로 정치가 해야 할 일이라는 확신이 섰다.

(구)초평동 주민센터뿐만이 아니라 오산시 주민센터 전체가 경사로가 없어서 장애인의 공공시설에 휠체어 출입이 어려웠고 상가 건물 또한 예외가 아니었다, 인도는 턱이 높아서 휠체어로 이동하기 어렵다는 의견들이 많았었다. 즉시 관련 기관에 개선을 요청했으나 동사무소 경사로 외엔 개선된 부분이 없어서 안타까웠다. 모든 부분을 한꺼번에 해결할 수는 없었지만, 인도 턱 낮추기 작업과 일부 상가 건물의 경사로 설치는 계속적인 민원을 넣어야 했다. 작은 변화였지만 그래도 건의하고 대화는 개선의 의지로 변함을 알 수 있었다.

2년간의 대학 생활과 주민자치위원회 활동, 그리고 사회복지사 자격증 취득까지. 정말 바쁘고 힘든 시간이었지만 그만큼 값진 경험을 쌓을 수 있었다. 무엇보다 내면에서 정치인으로서의 철학과 비전이 명확해졌다는 것이 가장 큰 수확이었다. 단순히 '시의원이 되고 싶다'라는 막연한 꿈에서 '이런 정치인이 되겠다'라는 구체적인 목표로 발전할 수 있었다는 것이다.

다양한 주민들과의 만남을 통해 얻은 통찰들이 모여서 하나의 큰 그림을 그려나가고 있었다.이제 다음 단계로 나아갈 준비가 되었다는 생각과 아직 가야 할 길이 멀다는 것도, 더 많은 경험을 쌓고, 더 많은 사람과 만나고, 더 깊이 공부해야 한다는 것을, 그래서 나 자신이 가고 있는 길이 옳다는 신념과 언젠가는 반드시 목표에 도달할 수 있다는 확신이 생겼다. 그 확신을 가슴에 품고, 저는 다음 도전을 준비하기 시작했습니다.

07

지역사회와 함께한 발걸음

오산대학교를 졸업하다

대학교 졸업은 지금도 생생하다. 졸업식장에서 학위복을 입고 학위증을 받았을 때 감회가 새로웠다. '나도 대학을 졸업할 수 있구나!'라고 생각했다. 마흔 줄에 시작한 늦깎이 공부였지만, 끝까지 포기하지 않고 마칠 수 있어서 뿌듯했다. 무엇보다 이제 본격적으로 지역사회를 위해 일할 수 있는 기반을 갖추었다는 생각에 가슴이 설렜다. 졸업과 동시에 저는 더욱 적극적으로 지역사회 활동에 뛰어들기로 마음먹었습니다. 그동안 주민자치위원회 간사로 일하면서 쌓은 경험과 대학에서 배운 이론적 지

오산대학교 졸업식

식, 그리고 사회복지사 자격증까지 갖춘 상태였으니 이제는 더 큰 역할을 해볼 때가 되었다고 생각했다.

주민자치위원회에서의 활동은 점차 확대되어 갔다. 간사로 시작, 그리고 마침내 위원장직까지 맡게 되는 과정이 자연스럽게 이루어졌으며 처음에는 자신이 없었지만, 그동안 쌓아온 신뢰와 경험이 바탕이 되어 주민들의 지지를 받을 수 있었던 것이다. 주민자치위원회 간사를 하면서 번째로 맞은 큰 도전은 동별 노래자랑 행사의 사회를 맡게 된 것이다. 최진웅 주민자치위원장님이 “성 간사님이 하시면 딱 좋겠어요. 주민들과도 친하시고, 말솜씨도 좋으시니 말이죠.”라며 추천해 주셨다.

하지만 솔직히 말해서 겁이 났다. 수백 명의 주민들 앞에서 마이크를 잡고 행사를 진행한다는 것이 부담스러웠다. 예전 같았으면 “제가 어떻게 그런 일을...”라고 말하면서 손사래를 쳤을 텐데, 그동안의 경험이 쌓이면서 용기를 낼 수 있다. 행사 준비를 위해 며칠 전부터 대본을 작성하고 대본를 보고 거울 앞에서 혼자 연습하고, 가족들 앞에서도 리허설을 했다. 아내는 “당신 정말 많이 변했네요. 예전에는 사람들 앞에서 말하는 것도 싫어했는데”라며 놀라워한 모습은 지금도 잊을 수가 없다.

행사 당일, 무대에 올라서는 순간 심장이 쿵쿵 뛰었습니다. 객석을 가득 메운 주민들의 얼굴을 바라보니 긴장이 되었지만 미리 준비해둔 첫 마디를 하는 순간, 신기하게도 긴장이 풀리기 시작했습니다.

"안녕하세요, 여러분! 오늘 이렇게 우리 동네 끼와 재능이 넘치는 분들을 한자리에서 뵐 수 있어서 정말 기쁩니다!"

첫 인사말에 주민들이 박수로 화답해 주시니 조금씩 자신감이 생겼다. 준비한 멘트를 하나씩 해나가면서, 주민들이 웃어주시고 호응해 주시는 모습을 보니 '아, 내가 정말 변하고 있구나'를 느꼈다. 각 참가자를 소개할 때도 재미있는 에피소드들을 곁들여서 분위기를 띄웠다. "다음은 우리 동네의 트로트 여왕 김ㅇㅇ님이십니다! 김ㅇㅇ님은 평소에 빨래하실 때도 노래를 부르신다고 하는데, 이웃들이 모두 김ㅇㅇ님의 노래 듣는 재미로 산다고 하십니다! 그만큼 잘한다는 것이겠죠!" 이런 식으로 소개하니 출연자분들도 좋아하시고, 관객들도 재미있어하셨고 행사가 진행될수록 저도 점점 여유가 생겼고, 즉흥적인 멘트도 자연스럽게 나온 것 같았다.

행사가 끝나고 주민들이 다가오시더니 "성간사님, 사회 정말 잘하시네요! 덕분에 정말 즐거웠어요."라고 말씀하시자 다른 분이 바로 "말솜씨가 많이 좋아지셨어요. 다음에도 사회 봐주실 꺼죠? 이 정도면 정치인 해도 되겠어요!"라고 말씀하셨다. 주민들의 이런 격려를 받으며 큰 자신감을 얻었다. 무엇보다 제가 이런 일을 할 수 있다는 것 자체가 놀라웠다. 몇 년 전만 해도 상상도 할 수 없었던 일이었기 때문이다.

집에 돌아와서 가족들에게 오늘 있었던 일을 자랑스럽게 이야기했습니다. 아내는 "당신이 이렇게 변할 줄 정말 몰랐어요. 정말 자랑스러워요"라며 기뻐했고, 아이들도 "아빠 정말 멋있어!"라며 박수를 쳐주었다. 그날 밤, 잠자리에 누워서 오늘 하루를 되돌아보니 내가 정말 한

걸음 한 걸음 성장하고 있다는 것을 느낄 수 있었다. 그리고 이런 경험들이 모여서 언젠가는 큰 꿈을 이룰 수 있는 밑거름이 될 거라는 확신이 드는 순간이었다.

주민자치위원장 선출, 새로운 책임

노래자랑 행사의 성공 이후, 주민들 사이에서 제에 대한 인식이 많이 달라졌다. "성위원님이 일을 정말 잘하시네!"라는 평가를 받기 시작했고, 자연스럽게 더 큰 역할을 맡게 되었다.주민자치위원장 선거가 다가왔을 때, 모든 위원님들이 단독으로 추대를 해주셨지만 처음에는 망설였다. 위원장이 되면 책임이 더 무거워질 뿐만 아니라, 과연 내가 잘할 수 있을까 하는 걱정이 더 컸기 때문이다. 당시 내 나이가 40대 초반인 데다가 고향 또한 전라도였기 때문이다. 그때만 해도 위원님들 대부분은 원주민들이었고 나보다 연배가 20년 정도 높으신 대 선배님들이었다.

하지만 위원님들과 동장님께서 "성위원님 만큼 할만한 적임자가 없을 것 같아요. 그동안 보여주신 헌신과 능력을 보면 충분히 잘 하실 수 있어요."라며 격려해 주셨고, 다른 위원분들도 모두 지지해 주신다고 하셨습니다. 오랜 고민 끝에 직을 수락했고. 위원들 앞에서 소신 발표를 할 때, 가슴이 뛰었지만 당당하게 제 포부를 말할 수 있었다.

"저는 그동안 이 지역에서 많은 것을 배우고 성장할 수 있었습니다. 이제는 그 경험과 열정을 바탕으로 우리 지역이 더욱 살기 좋은 곳이 되도록 최선을 다하겠습니다. 주민 모두가 행복하고, 서로를 배려하며, 따뜻한 정이 넘치는 마을을 만들어 가겠습니다!"

주민들의 지지로 주민자치위원장으로 추대되었을 때의 기쁨과 동시에 느꼈던 책임감을 지금도 잊을 수 없다. 첫 번째 위원장 회의를 주재할 때, "제가 이런 중요한 역할을 맡게 되어 막중한 책임감을 느낍니다. 위원님들의 도움과 조언을 받아서 우리 지역 발전을 위해 최선을 다하겠습니다."라고 말했다. 다른 위원들께서 박수로 격려해 주시고, "잘 하실 거예요. 우리가 도와드릴게요."라며 든든한 지원을 약속받았다.

주민자치위원장이 되고 가장 역점을 둔 사업은 갑골산 문화행사와 눈썰매장, 경기도에서 시행하는 〈찾아가는 문화활동 사업〉을 동 차원에서 시행하는 것이었다. 우리 지역의 자랑거리인 갑골산을 활용해서 주민들의 화합과 소통의 장을 만들어보자는 아이디어에서 시작되었다.

첫 번째 행사를 기획할 때는 정말 걱정이 많았다. 제일 큰 걱정은 예산 확보였다. 그다음은 프로그램은 어떻게 구성할지, 안전 대책은 어떻게 세워야 할지 등 온갖 고민이 머릿속을 맴돌았다. 하지만 위원들과 함께 차근차근 준비해 나가니 점점 형태를 갖추기 시작했다. 먼저, 예산 확보는 시청과 동사무소와 봉사단체 등에 지원을 요청하고, 지역 상인회와 기업들에도 후원을 부탁했다. 다행히 여러 곳에서 협조해 주셔서 기본 예산을 마련할 수 있었다.

프로그램 구성에는 특히 신경을 많이 썼다. 세대를 아우를 수 있는 다양한 내용들을 준비했다. 지역의 문화예술 동호회들이 공연을 해주시기로 했고, 동 6개 단체에서는 먹거리 부스를 운영해 주시기로 했고 또한 인근 초등학교와 중학교에도 협조를 요청해서 학생들이 참여할 수 있는 체험프로그램도 마련했다.

첫 번째 행사 전날 밤, 잠이 오지 않아서 새벽까지 뒤척였다. '내일 비가 오면 어떻게 하지? 사람들이 안 오면 어떻게 하지?' 온갖 걱정이 들었다. 하지만 아침에 일어나보니 맑은 하늘이 웃으면서 나를 반겨주었다. 행사 당일 아침 일찍부터 무대 설치, 부스 설치, 안전시설 점검 등 전반적인 부분들을 확인하고 위원들과 자원봉사자들은 각자 맡은 임무를 점검하는 모습들이 내 일처럼 열정적이어서 정말 감동 그 자체였다.

오전 10시, 드디어 개막식이 시작되었다. 첫 행사임에도 불구하고 무려 2,000여 명의 주민들이 참석해 주셨다. 우리 동민들의 문화에 대해서 너무 목말라하고, 갈 곳들이 정말 없었구나라는 생각에 마음 아프기도 했지만, 이제라도 이런 기회를 만들 수 있어서 얼마나 다행인지 새삼 느꼈다. 기념사에서 "오늘 이 자리에 함께해 주신 모든 분께 진심으로 감사드립니다. 우리가 함께 사는 이 아름다운 갑골산 아래서, 이웃과 함께 즐기는 이 시간이 정말 소중합니다. 오늘 하루 마음껏 즐기시고, 좋은 추억을 만들어 가시길 바랍니다."라고 크게 외쳤다.

공연은 주민자치센터에서 문화강좌 발표회를 시작으로 진행되었으며 한팀 한팀 진행할 때마다 관객들 모두 박수치며 즐거워하셨고 우리 집 앞에서 공연이 열린다는 동민들의 마음은 한껏 들떠 있었다. 이어

가장 뿌듯했던 갑골산 문화축제

서 유치원생부터 태권도 시범단, 댄스 공연, 합창단의 노래, 아마추어 밴드의 연주 등이 계속되었다. 각 공연마다 관객들의 뜨거운 호응으로 분위기는 점점 달아올랐다. 먹거리 부스 또한 최고였다. 떡볶이, 튀김, 어묵, 솜사탕 등 다양한 음식들이 준비되어 있었는데, 특히 아이들이 좋아했다. 가족 단위로 오신 분들이 함께 음식을 먹으며 즐거운 시간을 보내고 있는 모습이 나 자신에게 감동을 주었다.

주민자치위원회 활동은 나에게 행복하고도 중요한 시절이었다

체험 프로그램도 성황이었다. 전통놀이 체험, 만들기 체험, 페이스 페인팅 등 아이들이 참여할 수 있는 다양한 프로그램들이 있었는데, 줄을 서서 기다릴 정도로 인기가 좋았다. 각 마을별 (법정동)가수동, 누읍동, 서동, 벌음동, 탑동, 두곡동 등이 각각 청팀과 백팀으로 나뉘어 열띤 응원전이 이루어졌고 이를 통해 동민 간 화합의 장이 마련되었다. 물론, 가수들을 선발해서 노래자랑도 빼놓지 않았다. 방송국에서 촬영하고 난생 처음 카메라 앞에서 인터뷰를 했다. 주위에선 칭찬들이 줄을 이었는데

"오산시에서 이렇게 축제하면 좋겠어요!"
"많은 돈 들여 시에서 하는 행사보다 알찹니다!"
"정말 즐거웠어요. 이런 행사 또 해주세요!"
"우리 동네에 이런 좋은 행사가 있다니, 정말 자랑스러워요!"
"아이들이 정말 좋아해요. 다음에는 친구들도 데려오겠어요!"

등등 많은 얘기들을 들었다 너무나 감사한 일들이었다. 주민들의 이런 반응을 들으며 첫 번째 행사가 성공했다는 확신이 들었다. 비록 준비하느라 힘들었지만, 그 모든 노력이 보람으로 돌아온 순간이었다.

2회, 3회, 4회... 점점 커지는 축제

첫 번째 갑골산 문화행사의 성공에 힘입어, 이듬해에도 2회 행사를 개최했다. 1회 때의 경험을 바탕으로 더욱 알찬 내용으로 준비했다. 2회 행사에서는 프로그램을 더욱 다양화했다. 지역 예술인들의 전시회도 함께 열고, 청소년들을 위한 댄스 경연대회도 신설했다. 또한 어르신들을 위한 건강 상담 코너도 마련해서 더 많은 분이 혜택을 받을 수 있도록 노력했다.

2회 행사에는 대략 3,000여 명이 참석했다. 1회보다 1,000명이나 더 늘어난 것이죠. 입소문을 타고 인근 지역 주민들도 많이 오셨고, 심지어 다른 지역에서 오신 분들도 있었다. “이런 좋은 행사가 우리 동네에도 있었으면 좋겠어요”라며 부러워하시는 분들을 보면서 뿌듯함을 느꼈다.

3, 4회 행사에서 1박 2일로 기획하고 갑골산 시산제와 갑골산 걷기 대회등 더욱 발전된 모습으로 추진했고 지역 특산품 판매코너도 마련하고, 청소년 동아리들의 공연도 늘렸다. 또한 환경 보호 캠페인도 함께 진행해서 교육적인 의미도 더했다.

이제는 우리 지역의 대표적인 문화행사로 자리를 잡았다고 자부할 수 있을 정도였다. 4회에 걸친 갑골산 문화행사를 진행하면서 정말 많은 것을 배웠다. 행사를 기획하고 준비하는 과정에서 많은 어려움도 있었지만, 그럴 때마다 주민들이 힘을 합쳐서 극복해 나가는 모습을 보며 지역공동체의 힘을 실감했다.

무엇보다 이런 문화행사가 단순히 즐기는 것을 넘어서서 지역 주민들의 결속을 다지고, 향토문화를 기르는 소중한 기회라는 부분을 깨달았다. 평소에는 인사 정도만 나누던 이웃들이 행사를 통해 더 가까워지고, 아이들은 자신이 살고 있는 지역에 대한 자긍심을 갖게 되는 모습을 보면서 말이죠.

"이런 행사가 있어서 우리 동네가 더 활기차진 것 같아요."
"아이들이 지역에 대한 애착을 갖게 되는 것 같아서 정말 좋아요."
"다른 지역에 사는 친구들한테 자랑하고 싶어요. 우리 동네 축제가 이렇게 멋있다고요."

주민들의 이런 반응을 들으며, 문화행사의 진정한 의미를 새롭게 깨달았다.

겨울 눈썰매장, 아이들에게 특별한 선물을

여름 문화행사가 성공하면서 겨울에도 뭔가 특별한 프로그램을 만들어 보자는 아이디어가 나왔다. 이에 기동순찰대와 협업으로 눈썰매장을 개장하는 것으로 결정했다. 아이디어는 좋았지만 실행하기까지는 많은 고민이 필요했다. 무엇보다 안전 문제가 가장 큰 걱정이었다. 혹시 다치는 아이가 생기면 어떻게 하지? 책임 문제는 어떻게 할까? 이런 걱정이 끊이지 않았다.

하지만 요즘 아이들이 컴퓨터 게임이나 스마트폰에만 몰두하는 경우가 많은데, 자연 속에서 뛰노는 기회를 만들어 주고 싶었다. 추운 겨울이지만 야외에서 친구들과 함께 즐거운 시간을 보낼 수 있다면 정말 좋은 추억이 될 거라는 생각이 들었고 아이들에게 추억을 만들어 주고 싶었다. 내가 어렸을 때는 친구들부터 동네 형, 동생들과 썰매도 타고 눈싸움, 제기차기, 연 날리기 등 많은 놀이들을 하면서 추억을 만들었다. 그래서 우리 아이들도 추억을 만들어 주기위해 시작하려 했던 것이다.

기동순찰대 대장님과 대원들, 그리고 주민자치위원님들과 여러 차례 간담회와 협의를 거쳐서 준비에 들어갔다. 먼저, 겨울이 오기 전에 썰매장 부지를 확보한 뒤 썰매를 제작했고 운영은 그다음 일들이었다. 약 1,000평 정도의 논을 확보하고 썰매를 만들기 위해 기동대사무실에서 기동대원들과 같이 한여름 약 두 달 동안 썰매를 만들고 팽이도 손수 만들어서 겨울만이 오기를 기다렸다.

그런데 몇 가지 변수가 있었다. 썰매를 보관하고 물에 빠지거나 추우면 몸을 녹일 수 있는 공간이 필요하다는 것이었다. 또, 회의와 예산 등에 부딪혔는데 다행히 기동대에서 지원을 약속하고 하우스와 대형 화목난로 2대, 옛 향수를 느낄 수 있는 고구마 굽는 기계, 오뎅을 데울 수 있는 기계장비, 냉장고 등을 준비해 주셨다.

드디어 개장 날짜를 잡고 현수막을 붙이고 논 고르기에 들어갔는데 물이 없었다. 당황하는 나를 본 기동대 형님이 "지하수가 옆에 있으니 걱정하지 말고 사용해요."라고 말씀해주셨다. 어찌나 고맙던지, 덕분에 물을 댈 수 있었고 첫 빙판은 너무 좋았다. 그런데 다음날, 얼음 두께를 늘리기 위해 저녁 내내 지하수를 얼음 위에 대어놓았는데 아침에 나가 봤더니 어처구니없는 일이 일어났다. 얼음이 다 녹아서 물만 보이는 것이다. 알고 보니 지하수 물이 따뜻해서 밤새워 얼음을 녹인 것이다. 아차! 이런 실수를 생각 없이 저지른 일이 일을 키운 것이다. 그 뒤론 양수기로 물을 퍼 올려 다음날 썰매 타기 좋도록 양질의 얼음을 만들었다.

썰매장에는 안전요원이 상주해야만 했다. 이에 자원봉사자를 모집하기도 하고 매일 주민자치위원과 기동대에서 관리를 맡아 아이들의 안전과 재미 추억까지 만들어 줄 수 있었다. 개장 첫날, 아이들이 처음

썰매 체험으로 아이들의 소중한 추억을 만들어주고 싶었다

에는 조심스러워하던 아이들도 한 번 타보고 나서는 환호성을 질렀다.

"와, 정말 재미있어요!"
"한 번 더 타도 돼요?"
"친구들도 불러서 같이 타고 싶어요!"

겨울 추위도 잊고 신나게 노는 아이들과 부모가 함께 참여해서 아이들과 함께 눈썰매를 타거나 눈사람을 만들며 즐거운 시간을 보내는 광경에 나도 덩달아 좋았다. 썰매를 지치다 물에 빠진 녀석들은 하우스 안으로 들어와서 고구마도 먹고, 오뎅도 먹으며 좋아하는 모습들 평소에 바빠서 아이들과 충분한 시간을 보내지 못했던 부모들도 옛날에 이렇게 놀았던 추억을 떠올리고 있음을 알 수 있었다. 동행하시는 부모님들은 이구동성 말씀을 하신다.

"아이가 정말 좋아해요. 집에서 계속 눈썰매장 이야기만 해요."
"요즘 아이들이 밖에서 놀 기회가 별로 없는데, 이런 시설이 있어서 정말 좋아요."
"다른 동네 엄마들이 부러워해요. 우리 동네는 이런 좋은 시설이 있다고요."

부모들의 이런 반응을 들으며, 눈썰매장 개장이 정말 의미 있는 일이었다는 것을 알았고 운영 기간 내내 큰 사고 없이 성공적으로 마칠 수 있음에 감사했다. 마지막 날, 눈썰매장을 정리하면서 아이들이 아쉬워하는 모습을 보니 내가 내 자신에게 감사함을 느꼈다.

"내년에도 또 해주세요!"
"여름에는 물썰매장도 만들어주세요!"

아이들의 이런 요청을 들으며, 앞으로도 계속 아이들을 위한 프로그램을 만들어가야겠다는 다짐을 해본다.

편견과 싸우며 얻은 깨달음

하지만 주민자치위원장으로 활동하면서 모든 일이 순탄하지만은 않았다. 특히 힘들었던 것은 일부 지역 원주민들의 편견과 차별, 일명 '텃세'가 심했다. 몇몇 주민들은 제가 위원장직을 내려놓는 그 순간까지도 인정하지 않으려 했다. 그분들의 이야기는 "너는 타지 출신이라서 안된다."라는 게 대부분이었고 "나이가 어려서 경험이 부족하다."라고 하며 무시하는 분도 계셨다. 처음에는 정말 어이가 없었다. 지역 발전을 위해 최선을 다하고 있는데, 출신 지역이나 나이를 이유로 평가절하당한다는 것이 억울하고 때로는 화가 나서 따지고 싶은 마음도 들었다. 그래도 참으려고 노력한 것은 감정적으로 대응하면 상황만 더 나빠질 것 같아서였다.

그래도 정말 참을 수 없을 때는 당당하게 맞섰다. 한 번은 식사 중 한 분께서 "전라도 사람이 여기서 무슨 위원장 노릇을 하려고 하느냐?"라고 대놓고 모욕을 줬을 때가 있었다. 그때는 정말 참을 수 없어서 "출신 지역이 중요한 게 아니라 이 지역을 위해 얼마나 헌신하느냐가 중요한 것 아닙니까? 저는 이곳 주민으로서 최선을 다하고 있습니다. 출신 지역으로 사람을 판단하시는 것은 잘못된 일입니다."라고 단호하게 말했다. 그분은 더 이상 말을 하지 못했지만, 눈빛으로는 여전히 적대적이었고 이런 일들이 반복적으로 일어나고 있었다.

술자리에서 감정이 격해진 한 분이 나에게 주먹을 휘두르려고 했을 때도 그냥 당할 수는 없어서 맞받아칠 준비를 했는데 다행히 주변 사람들이 말려서 큰일은 없었다. 그러나 이런 극단적인 상황까지 치닫는 현실이 안타까웠었다. 하지만 이런 경험을 통해 많은 부분을 배웠고 우리 사회에 아직도 지역감정이나 연령차별 같은 편견들이 남아있다는 걸 알 수 있었다. 그리고 그런 편견들을 극복하기 위해서는 더욱 큰 노력이 필요하다는 것도 알게 되었다.

처음에는 의심의 눈초리로 보던 분들도 내가 하는 일들을 보시고 마음을 바꾸고 시간이 지나면서 점점 더 많은 주민이 인정해 주기 시작했다. "처음에는 걱정했는데, 정말 열심히 하시네요."라던가 "나이가 어려도 경험이 많으시고 능력이 있으시네요." 등 다양한 반응을 들으면서 정말 감사했다. 편견을 이겨내고 진정성으로 인정받을 수 있다는 것을 확인할 수 있는 계기였다.

4년의 여정, 그리고 얻은 것들

4년간의 주민자치위원장 활동은 정말 값진 경험이었다. 갑골산 문화행사, 눈썰매장 운영, 도로 확장, 복지 사업 등을 통해 지역사회 발전에 기여할 수 있었고, 무엇보다 주민들과의 신뢰 관계를 구축할 수 있었다. 처음에는 부족한 점이 많았지만, 시간이 지나면서 점점 성장할 수 있었고 리더십, 소통 능력, 문제 해결 능력, 갈등 조정 능력 등 다양한 능력들을 기를 수 있었다.

무엇보다 지역사회가 어떻게 돌아가는지, 주민들이 어떤 것을 원하는지, 어떤 방식으로 접근해야 효과적인지를 현장에서 직접 배울 수 있었다. 이런 경험은 앞으로 더 큰 정치 무대에 나섰을 때 큰 자산이 될 거라는 확신이 들었다. 공무원, 시의원, 시민단체 활동가, 기업인, 종교인 등 다양한 분야의 사람들과 인연을 맺었고 이런 인적 네트워크는 지역사회 발전을 위한 협력의 기반이 되었다.

주민자치위원장직을 마칠 때, 송별회를 열어주신 주민들을 보며 정말 감동이었다. 처음에는 의심스러워하던 분들까지도 함께 와서 격려해 주시는 모습에서 그동안의 노력이 헛되지 않았다는 것을 확인할 수 있었다. “성위원장님 정말 고생 많으셨어요. 덕분에 우리 동네가 많이 발전했어요.”라던가 “앞으로도 계속 우리 지역을 위해 일해 주세요. 더 큰 무대에서 활동하셔도 우리를 잊지 마세요.”라는 응원의 메시지는 정말로 큰 힘이 되었다. 주민들의 수많은 응원을 받으며 4년간의 활동이 내 인생에서 정말 의미 있고 소중한 시간이었음을, 그리고 이제 더 큰 꿈을 향해 나아갈 수 있는 기반 과 다음 단계로 나아갈 준비가 되었다는 생각도 들었다.

08

50세, 인생의 터닝포인트와 새로운 결심

50세, 인생을 재설계하다

50세라는 숫자가 달력에서 다가올 때, 저는 이미 이 시점을 제 인생의 중요한 터닝포인트로 설정하고 있었다. 이는 갑작스러운 결정이 아니고 30대부터 차근차근 준비한 계획이었다. "50대가 되면 내 인생을 180도 바꿔보자!"라는 다짐이 나 자신과의 약속이었다. 그렇다면 왜 하필 50세였을까? 아직 체력과 정신력이 충분하면서도, 인생의 경험과 지혜가 어느 정도 쌓인 시기이고 무엇보다 사회적으로 인정받을 수 있는 나이이면서도, 새로운 도전을 시작하기에는 늦지 않은 시기이기 때문이다.

20대부터 시작한 사업을 통해 어느 정도 경제적 기반을 마련했으며 본격적으로 새로운 인생 설계에 할 수 있는 시기라 생각했다. 이제부터는 내가 직접 몸으로 때우는 일이 아니라, 시스템으로 돌아가는 사업을 해야 한다. 그래야 정치활동에 전념할 수 있을 것이다. 직접 현장에서 일하는 방식에서 벗어나, 전체적인 운영과 관리에 집중하는 방식으로 바꾼 것이다.

2007년 대선, 꿈이 현실로 다가오다

변화의 계기는 예상보다 빨리 찾아왔다. 2007년 12월 대통령 선거 후 뜻밖의 기회가 찾아왔다. 연이 닿은 지인에게 전화가 왔다. "성사장 혹시 오산시의원 해볼 생각이 있는가?" 순간 귀를 의심했다. "네! 무슨 말씀이십니까?" 깜짝 놀라 되물었다. "오산시의원 해볼 생각 있다고 말했네. 생각해 보고 꼭 연락주게." 처음 이야기를 들었을 때, 가슴이 두근두근 뛰기 시작했다. 정말 나에게 이런 기회가 왔다는 놀라움과 함께 어린 시절부터 품어왔던 꿈이 현실로 다가오는 것만 같았다.

전화를 받았던 그날 저녁은 지금도 생생하다. 아내에게 바로 말했다. "여보, 놀라지 마? 오늘 오산시의원 해볼 생각 있으면 말해달라는데?" 아내는 처음엔 믿지 못하겠다는 표정이었다. 그럴 수밖에. 시의원이라니, 이 얼마나 큰 자리란 말인가? 하지만 기대감도 잠시, 순간 고민에 빠졌다. '과연, 내가 할 수 있을까? 시의원을 맡을 준비가 되어 있을까?' 정말 온갖 생각들이 머릿속을 맴돌았다. 가족들과도 진지하게 대화를 나누면서 며칠 동안 고민에 고민을 거듭했다. 아이들은 "아빠가 꿈꿔왔던 일이니까 응원할게."라고 격려해 주었지만, 현실적인 문제들을 살펴보니 쉽지 않았다.

가장 큰 문제는 준비 부족이었다. 다른 정치인들에 비해 아직 부족하다는 것을 알았다. 고민 끝에 내린 결론은 아직은 '때가 아니다!'였다. 그리고 정중히 사양의 뜻을 전했다. "정말 영광스러운 제안이지만, 아직 제가 준비가 부족합니다. 좀 더 공부하고 경험을 쌓은 후에 기회가 되면 다시 한번 도전해 보고 싶습니다. 죄송합니다." 실망스러웠지만 중요한 깨달음을 얻었다. 꿈을 꾸고 있으니 도와주려는 분이 계신다는 것, 나에게도 기회가 올 수 있다는 것을 확신할 수 있었다. 다음에 또 기회가 올 것을 완벽하게 준비해서 후회 없는 도전을 할 수 있다는 자신감을 얻을 수 있었다.

생각의 혁명적 변화

2007년의 경험은 제게 큰 자극이 되었다. 이제는 언젠가 올지도 모르는 기회에 대비해서 체계적으로 준비해야 한다는 절실함을 느꼈다. '다음에는 절대 준비 부족을 이유로 기회를 놓치지 않겠다!' 당시 나는 자신과의 약속을 통해 마음을 잡았다. 50세를 맞으면서 나에게 일어난 가장 큰 변화는 '생각의 변화'이다. 이는 내 인생 전반에 대한 태도의 혁신이었다. 사실 예전의 나는 자신에 대한 의문이 많았다. '내가 과연 할 수 있을까?' 이제는 달랐다. 괜찮다. 도전하겠다. 실패하면 어떤가? 해보는 거지. 대한민국에서 안 되는 게 어디 있냐는 대담함이 늘기 시작했다. 나이가 들수록 실패의 두려움보다는 도전하지 않는 것에 대한 후회가 더 크다는 것을 깨달았다.

젊었을 때는 실패하면 다시 처음부터 시작해야 한다는 부담감과 가족 걱정에 몸을 사리는 게 대부분이었지만 50대에 들어서니 실패하더라도 완전히 무너지지는 않을 거라는 자신감, 하면서 배우겠다는 유연함이 생겼다. 이런 생각의 변화는 실제 행동으로 이어져 새로운 일에 도전하는 것을 두려워하지 않게 되었고, 실패하더라도 빨리 다시 일어설 수 있는 회복력이 생겼다.

50대 인생 전환 계획을 이야기했을 때, 아내는 걱정스러운 표정을 지었다. 쉽지 않은 도전이기 때문이었다. 하지만 내가 진지하게 준비하는 모습을 보고는 점점 적극적인 지지자로 돌아섰다. "당신이 정말 하고 싶어하는 일이라면 해보세요. 나이 50에 새로운 도전을 한다는 게 쉽지 않은 일인데, 그만큼 간절한 거겠죠." 아내의 이런 말 한마디가 얼마나 큰 힘이 되었고 가족이 이해와 응원이 모든 부분을 감당할 수 있을 것 같았다. 아이들도 한마디씩 거들었다. "아빠가 꿈을 이루는 모습을 보고 싶어요. 포기하지 마세요!" 아이들의 이런 말을 들으며 개인의 꿈이 아니라, 가족 모두가 함께 이뤄가는 꿈이라는 생각이 들었다.

50대가 되면서 얻은 또 다른 깨달음은 '시간의 소중함'이다. 이는 단순한 깨달음을 넘어서 행동 양식의 근본적인 변화를 가져왔다. 젊을 때는 시간이 무한할 것만 같았다. 그래서 '언젠가는' '나중에 기회가 되면'이라는 생각으로 많은 일들을 미뤄왔으나 50대가 되니 시간의 유한함을 절실히 실감하게 된 것이다. '이제 정말 시작해야 한다. 더 이상 미룰 수 없다.'라는 절박함이 생기면서 강력한 추진제가 되었다. 예전에는 한 가지 결정을 내리기까지 모든 부분을 따져보고, 완벽한 계획을 세운 다음에야 행동에 옮겼다면 이제는 '시작이 반'이라는 생각을 앞세워 강한 추진력을 얻게 되었다. 예전에는 이것저것 다 하려고 했는데 시간의 소중함을 깨닫고 이제는 정말 중요한 것에 집중하게 됐다.

나를 응원해 준 소중한 가족들

09

호남연합회와 소중한 인연들

운명적인 만남, 김정수 회장님

'정치인이 되기 위해 지금 가장 필요한 것이 무엇일까?' 이 질문을 항상 염두에 두고 도움이 될 만한 일이라면 시간이 아까워도 참여하면서 그렇지 않은 일들은 과감히 정리했다. 50대 터닝포인트를 지나면서 본격적인 정치 준비에 한창이던 그 무렵, 제 인생에 또 다른 중요한 인연이 찾아왔다. 바로 김정수 자연보호협회 회장님과의 만남이다.

나를 이끌어 주신 김정수 회장님

그 당시 나는 주민자치협의회장으로 활동하면서 오산시에서 나름대로 인정받는 지역 활동가로 자리 잡고 있었고 갑골산 문화행사 유치부터, 다양한 복지 사업 추진, 지역 현안 해결 등을 통해 주민들 사이에서도 어느 정도 알려진 상태였다. 김정수 회장님은 호남 출신으로 오산에서 오랫동안 지역사회를 위해 헌신해 오신 분이었다. 자연보호 활동뿐만 아니라 다양한 사회단체에서 리더 역할을 하시며 지역 발전을 위해 노력하고 계셨다. 특히 호남 출신들의 정착과 화합을 위해서도 많은 일을 하고 계신 분이다.

첫 만남은 어느 지역 행사로 기억한다. 환경 정화 활동에 참여했던 나에게 회장님께서 먼저 말을 걸어주셨다. "성위원장님 맞죠? 요즘 지역에서 좋은 일 많이 한다고 들었어요. 나이도 젊으시고, 정말 열심히 하신다던데요?" 김정수 회장님은 열정적이고 활력이 넘쳐 보이셨다. 무엇보다 지역사회에 대한 깊은 애정과 후배들을 아끼는 따뜻한 마음이 느껴졌었다. 대화를 나누면서 회장님의 삶의 철학에 깊은 감명을 받았고 고향을 떠나 타향에서 뿌리를 내렸지만, 그 지역을 진정한 제2의 고향으로 여기며 헌신하시는 모습이 정말 존경스러웠다.

"성위원장님, 우리 같은 타향 사람들이 이 지역에 정착해서 살려면 더 열심히 지역을 위해 일해야 해요. 그래야 진정한 지역민으로 인정받을 수 있거든요." 회장님의 이런 말씀이 제게는 큰 깨달음을 주셨다. 저 역시 호남 출신으로 이곳에 정착한 입장이었는데, 단순히 거주하는 것을 넘어서 진정한 지역민이 되기 위해서는 더 많은 헌신이 필요하다는 것을 느꼈다.

호남연합회 사무총장 제의

몇 차례 만남을 가진 뒤, 김정수 회장님께서 뜻밖의 제안을 하셨다. “성위원장, 호남연합회에서 사무총장을 맡아주셨으면 합니다.” 처음 이 말을 들었을 때는 너무 갑작스러워서 당황했었다. “회장님, 죄송하지만 지금은...” 제가 조심스럽게 말하자 회장님께서 말씀하시길 “그래요, 무슨 뜻인지 압니다. 근데 어려운 거 하나도 없어요. 그저 자리만 지켜 달라는 거예요. 위원장님 같은 분이 들어와서 새로운 바람을 불러일으켜야 해요.”

회장님의 말씀을 듣고도 선뜻 결정하기가 어려웠다. 이미 맡은 일도 많았고, 새로운 조직에서 역할을 맡는다는 부분이 부담스럽기도 했다. “죄송합니다, 회장님. 지금도 할 일이 많아서 새로운 일을 맡기는 어려울 것 같습니다.” 나는 단칼에 거절했지만, 김회장님의 설득은 계속되었다. 며칠 후 다시 연락이 왔다. “고향을 떠나 타향에서 살아가는 것이 쉽지 않잖아요. 낯선 땅에서 혼자 힘으로는 감당하기 어려운 일들이 많아요. 그래서 같은 고향 사람들끼리 서로 돕고, 함께 지역사회에도 기여하자는 취지로 만들어진 단체예요. 그러니깐 커피 한 잔 하면서 이야기 해봅시다.” 커피를 마시며 나눈 대화에서 김정수 회장님의 진정성을 느낄 수 있었고 단순히 자리를 채우기 위한 제안이 아니라, 정말로 조직의 발전을 위해 고민한 끝에 내린 결정이라는 걸 알 수 있었다.

몇 차례 만남을 거치면서 점차 마음이 기울었고 무엇보다 김정수 회장님의 인품에 깊은 감동을 받았다. 회장님은 자신의 이익을 위해서가

호남연합회 회원님들과 함께

아니라, 정말로 조직의 발전과 지역사회의 발전을 위해 저에게 사무총장직을 제안하신 것이었기에 거절할 명분이 없었다. 아니, 명분 문제가 아니라 정말로 함께 일하고 싶다는 마음이 생겼다. 이에 회장님께 큰 소리로 말씀드렸다. "알겠습니다, 회장님. 부족하지만 맡아보겠습니다!"

며칠 후, 첫 회원 모임을 가게 되었다. 김정수 회장님은 나를 회원들에게 소개해 주셨다. "여러분, 오늘부터 우리 호남연합회 사무총장을 맡아주실 성길용 위원장님을 소개합니다. 지역에서 정말 열심히 활동하고 계신 분이고, 앞으로 우리 조직 발전에 큰 도움이 될 것 같습니다." 박수와 함께 따뜻하게 맞아주시는 회원분들을 보며, "안녕하세요, 성길용입니다. 부족한 제가 이런 중요한 역할을 맡게 되어 막중한 책임감을 느낍니다. 선배님들의 가르침을 받아서 열심히 하겠습니다. 잘 부탁드립니다."라고 인사의 말을 전했다.

각자 다른 분야에서 일하고 있었지만, 고향에 대한 그리움과 현재 살고 있는 지역에 대한 애정이라는 공통 분모가 있어서 이분들과의 대화를 통해 정말 많은 것을 배울 수 있었다. 우리는 모두 타향 사람들이라고 하지만 이제는 이곳이 우리의 고향이다. 진짜 고향보다 더 오래 살고 있고, 아이들도 여기서 태어나고 자랐기 때문이다. 그러면 이 지역을 위해 더 열심히 일해야 하는 게 당연하지 않을까?

사람의 마음을 얻는 법

호남연합회 활동을 통해 가장 소중하게 배운 것은 '사람의 마음을 얻는 법'이다. 김정수 회장님은 정말 이 부분에서 탁월한 분이셨는데, 회장님을 지켜보면서 많은 점을 배울 수 있었다. 회장님은 회원 한 분 한 분의 가정사와 누구 집에 어떤 일이 있는지, 누가 요즘 어떤 어려움을 겪고 있는지, 누가 언제 생일인지까지 모두 기억하고 계셨다.

"성총장님, 사람은 자기에게 관심 주는 사람을 좋아해요. 관심을 가진다는 것은 기억한다는 뜻이에요. 그 사람의 이름을 기억하고, 가족 사정을 기억하고, 관심사를 기억하는 거죠." 회장님의 이 말씀은 나에게 큰 깨달음을 주었다. 실제로 회장님은 회원을 만날 때마다 그분의 개인적인 사정을 물어보셨다. 이런 관심을 받으면 회원들이 감동하기 마련일 것이고, 바쁜 중에도 자신을 잊지 않고 챙겨주는 회장님께 고마움을 느끼시는 것이었다.

호남연합회에서의 경험은 제게 정말 소중한 자산이 되었다. 조직 운영의 노하우, 사람들과의 소통 방법, 봉사의 진정한 의미, 지역사회 일원으로서의 정체성 등을 배울 수 있었다. 무엇보다 '지역사회 일원으로서의 정체성'을 확고히 자리 잡을 수 있었다. 비록 고향은 다르지만, 이곳 오산이 진정한 제2의 고향이라는 생각을 갖게 되었으며, 그리고 이 지역을 위해 더욱 열심히 일하겠다고 다짐하게 되었다.

바라는 대로

계속 기회를 잡지 못하고 2018년 2월 15일 구정 전날 우리 가족이 다 모였다. 나는 중대 발표를 했다. "나에게 시의원 기회는 없나보다 이제 포기하자." 그로부터 일주일 후, 한 통의 전화 "성회장 시의원 미련이 남았는가? 생각해 보고 전화 주게." 나는 담담히 "네, 알겠습니다."라고 대답했다.

긴급 가족회의 일주일 후 "해보겠습니다."라는 대답까지, 달력 한 장이 내 꿈이 되고 그 꿈이 50년 가까이 지나면서 현실로 이루어지는 과정을 보면서 과연, 노력하는 이의 꿈은 이루어진다!" 원하면 원하는 대로, 바라면 바라는 대로 말이다.

국가유산

01
오산

내가 다시 태어난 땅

오산은 내 고향은 아니었다. 하지만 인생의 두 번째 시작은 이곳에서 이루어졌다.

가난과 생계에 쫓기던 청년 시절, 나는 이곳에서 삶의 방향을 다시 세웠고,사람과 지역의 의미를 새롭게 배웠다.

오산은 단순히 내가 정치를 시작한 장소가 아니라, 세상을 바라보는 눈을 길러준 배움의 터전이었다.

이 땅을 처음 마주했을 때, 가장 먼저 눈에 들어온 것은 강이었다.

동쪽의 오산천과 서쪽의 황구지천이 감싸듯 흐르고, 그 사이로 넓게 펼쳐진 평야가 있었다.

멀리서 보면 평범한 들판 같지만, 그 속에는 오랜 세월 동안 흙과 물이 쌓아온 생명의 흔적이 깃들어 있었다.

비옥한 땅은 농부의 손길을 부르고, 강은 사람의 발길을 이끌었다.

그래서 이곳은 선사 시대부터 지금까지 사람들이 떠나지 않은 땅이었다. 오산천과 황구지천은 남쪽으로 흘러 진위천과 안성천에 합류한다. 그 물길은 단순히 자연의 흐름이 아니라, 사람과 물자가 오가던 길이었고, 교류와 교환의 중심이었다.

길은 강을 따라 생겼고, 강을 따라 마을이 들어섰다. 그 길은 오늘도 사람들의 일상으로 이어진다.

오산천 두바퀴 축제와 작은 정원 가꾸기 행사

운동하는 이들, 손을 맞잡은 가족, 느긋하게 걷는 어르신, 그리고 자전거를 탄 사람들까지 — 모두가 이 길 위에서 서로 다른 속도로 삶을 이어간다.

나는 이 강의 흐름 속에서 오산 사람들의 삶의 리듬을 배웠다. 꾸준하고, 조용하지만 결코 멈추지 않는 흐름이었다.

지금도 나와 오산 시민들은 이 강을 지켜내기 위해 힘을 모으고 있다. 개발과 변화의 흐름 속에서도, 우리는 강이 품은 자연과 역사를 다음 세대에 온전히 물려주고자 한다.

생태계 교란식물 제거 및 치어방류(2022)

도시를 둘러싼 산줄기 또한 인상 깊었다.

동쪽의 양산봉에서 시작해 여계산과 석산을 지나, 서쪽의 학봉과 노적봉, 그리고 남쪽의 갑골산으로 이어지는 능선은 마치 오산을 품에

밤의 오산천

전경 드론사진

안은 듯 부드럽고 단단했다.

그 산들은 바람을 막고, 들판을 지켜주며, 오래전부터 사람들의 터전을 보호해 왔다. 산의 정상에는 성곽이, 사면에는 집터와 묘역이, 평야에는 논밭이 이어졌다.

사람과 자연이 오랜 세월 서로의 자리를 지켜온 흔적이었다.

곳곳에서 진행된 개발로 산지가 위협받았지만, 꾸준히 이어져 온 등산로 조성은 산과 사람을 다시 잇는 길이 되었다. 우리를 품어주고 많은 것을 내어준 산지들은 지금도 시민들의 건강과 여가를 지켜주고 있다.

그 산줄기 중에서도 내 마음에 가장 오래 남은 곳이 있다. 바로 갑골산이었다. 갑골산은 동북에서 남서로 길게 뻗은 능선을 따라 오산의 땅을 감싸 안은 산이다.

겉으로 보면 그저 낮은 구릉에 불과하지만, 그 속에는 수천 년의 시간이 겹겹이 포개져 있다.

그 땅을 한 겹씩 들춰보면, 각 시대의 사람들이 남긴 흔적이 서로 다른 표정으로 드러난다.

동북 능선부에는 청동기시대와 나말여초의 주거지와 건물지, 우물 등의 흔적이 남아 있다. 사람들이 물과 흙을 벗 삼아 마을을 이루고 살았던 자취다.

중앙 사면으로 내려서면 이야기는 훨씬 다채로워진다. 이 일대에서는 초기철기시대의 분묘와 환구, 마한과 백제시대의 주거지와 주구토광묘, 경작유적이 함께 드러났다.

청학동 유적

오산 탑동·두곡동 유적 조선시대 백자류

수청동 유적

수청동 유적 원삼국~백제 도랑돌린 무덤(분구묘)

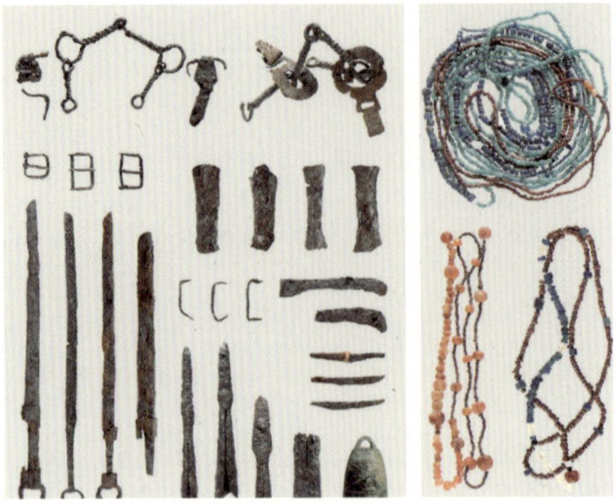

분구묘 출토유물

통일신라의 주거와 무덤, 조선시대의 주거지·탄요·분묘 등 수백 기의 유구가 이어지며, 갑골산의 중사면은 말 그대로 시대가 층층이 쌓인 공간이었다.

특히 이곳에서 출토된 환두대도는 이 산이 단순한 생활공간을 넘어 권력과 문화가 교차하던 자리였음을 보여준다. 서사면 말단부로 가면 통일신라의 석곽묘와 고려·조선의 취락, 분묘가 이어지고, 그중에는 조선시대의 우물도 남아 있다.

산자락에서 흘러내린 물이 모이고, 사람들이 모여 살았던 흔적이다.

남사면의 저지대로 내려서면, 또 다른 시대의 시간이 열린다. 청동기와 초기철기의 주거·묘역, 고려와 조선의 건물지, 분묘, 우물 등 시대의 흔적이 다층적으로 이어진다. 이처럼 갑골산은 단 한 시대의 산이 아니라, 오산의 모든 시간이 겹쳐 있는 산이다.

능선에는 선사와 고대의 사람들, 사면에는 중세의 백성들, 그리고 저지대에는 조선의 마을과 묘역이 함께 자리하고 있다.

나는 그 사실을 알고 나서야, 이 작은 산이 왜 그렇게 오랜 세월 동안 사람 곁에 남아 있었는지 이해할 수 있었다.

갑골산은 단지 자연의 풍경이 아니라, 이 지역의 역사와 삶이 켜켜이 새겨진 '시간의 산'이었다.

갑골산 정비 사진

그런 갑골산은 2011년부터 2014년까지 이어졌던 문화제가 개최되었고, 시민들이 함께 등산하고 여가를 즐기며 어울리던 축제의 무대였다. 그러나 아쉽게도 그 문화행사는 세월 속에 흐지부지되어 사라졌다.

2023년 11월, 그해 가을 나는 다시 갑골산을 찾았다. 세교2지구 개발과 맞물려 산책로 정비가 한창이었다. 돌과 나무 사이를 걸으며 문득 이런 생각이 스쳤다.

“이 산이 없었더라면, 사람들의 일상도 조금은 덜 여유로웠을 것이다.”

어린아이의 손을 잡고 오르내리는 부모, 벤치에 앉아 남소를 나누는 어르신들 — 그 모습 하나하나가 내게 ‘정치는 먼 곳의 일이 아니다’라는 메시지를 전해주었다.

돌 한 조각, 나무 한 그루의 변화가 도시의 얼굴을 바꾸고, 그 변화 속에 내가 함께 서 있다는 것.

그것이 내게 주어진 또 하나의 책임이자 기회였다.

갑골산 문화제

시작 연도: 약 2011년경 (정확한 첫 해 공식 기록은 찾아지지 않았지만 제4회가 2014년이므로)
주요 활동: 등산대회 → 문화공연 → 체험·먹거리 부스 → 주민화합 행사
목적 및 특징: 지역 산(갑골산) 및 자연환경을 배경으로 주민참여 및 지역문화 활성화를 도모
최근 진행방식: 주민 중심, 체험형·참여형 프로그램 확대

이제 갑골산의 대부분은 개발로 그 모습을 잃었다.

그러나 다행히도 능선을 따라 이어진 등산로만은 아직 남아 있다. 그 길을 걸을 때마다 나는 과거와 현재가 한 줄기로 이어져 있음을 느낀다.

삶의 터전이 바뀌어도, 사람과 땅의 관계는 그렇게 쉽게 끊어지지 않는다. 갑골산은 여전히 그 자리에서, 오산의 시간과 사람을 품고 있다.

산을 내려오면 길이 있다.

그리고 그 길 위에서, 나는 또 다른 오산의 시간을 만나게 된다.

갑골산 현재 드론사진

02

길의 도시

삼남대로와 청호역

산을 내려오면 길이 있다.

그 길은 오래전부터 한양과 영남을 잇던 국가의 주 간선로, 삼남대로(三南大路)였다.

오산을 관통하는 이 길은 단순한 도로가 아니었다.

물자와 정보, 사람과 소식이 오가는 살아 있는 혈관이었고, 오늘의 오산을 만든 교통과 경제의 축이었다.

길은 언제나 물길을 따라 흐르고, 구릉의 경계에서 방향을 꺾는다.

하천과 맞닿은 지점마다 사람들의 쉼터가 생겼고, 그곳에서는 장이 열리고 말이 쉬었으며, 하루를 묵는 객이 있었다.

삼남대로를 따라 늘어선 역원(驛院)은 공문과 병력, 조운과 사신이 오가는 허브였다.

그곳에 물자와 정보가 모이고, 마을과 시장이 자라났다.

역원은 단순한 행정시설이 아니라 생활의 중심이었고, 그 주변에는 숙박과 말 사육, 밥을 짓는 일, 장사하는 일까지 — 지금으로 치면 작은 도시가 형성된 셈이었다.

오산의 삼남대로 구간은 수원에서 내려와 독산성 동쪽을 지나, 청호역을 거쳐 진위로 이어지는 길이었다. 지금의 국도 1호선과 오산대로가 바로 그 옛길의 자취를 잇고 있다. 길의 폭은 넓어지고 이름은 바뀌었지만, 한양에서 남쪽으로 향하는 흐름만큼은 500년이 넘도록 변하지 않았다.

그 길 위에서 오산은 언제나 '지나는 도시'가 아니라 '머무는 도시'였다.

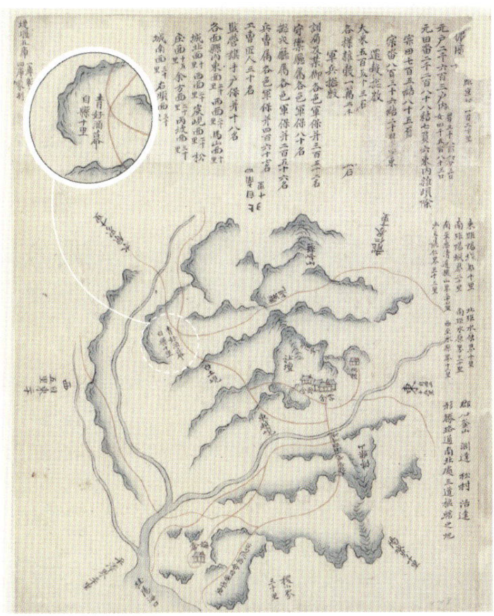

청호역 고지도

옛 지도에도 그 흔적이 남아 있다.

오산에는 삼남대로의 중요한 역원 중 하나였던 청호역(青好驛)이 있었다. 지금의 청호동(清湖洞)과 이름은 같지만, 한자가 달라 완전히 같은 뜻은 아니다.

그러나 고지도를 살펴보면 위치가 거의 겹친다. 더 흥미로운 것은 그 주변에 '역말(驛村)'이라 불리던 마을 이름이 남아 있다는 점이다.

바로 오늘날의 원동 지역이다.

역말 지명유래

옛 청호역(靑好驛)이 있었던 곳이다. 조선시대 한양을 오가던 길손이 쉬어갈 수 있는 주막과 마방(馬房)이 있었다고 하나, 지금은 모습이 많이 바뀌었다. 그리고 이곳에는 피(皮)씨의 유가(遺家)가 살았다고 한다.

그 일대에서는 실제로 역원과 관련된 흔적들이 발굴되었다. 지금의 한양수자인 아파트 부지에서 실시된 조사에서는 조선 후기의 생활 유구가 다수 확인되었다.

아궁이와 굴뚝, 구들이 온전하게 남아 있었고, 불에 달궈진 아궁이의 흔적이 당시의 주막을 연상시켰다. 조사자들은 그 자리가 청호역의 터였거나, 혹은 그 역원과 관련된 숙소 기능을 하던 주막일 가능성이 높다고 보았다.

하룻밤을 묵을 수 있는 구들방과 밥을 지을 수 있는 부엌, 그 조용한 공간 안에서 오가던 사람들의 숨결이 느껴졌다.

또한 인근 역말저수지 동쪽 사면에서도 조선 전기의 건물지가 확인되었다. 기단과 초석이 남아 있었고, 일부 연구자들은 이 역시 역원과 관련된 건물일 가능성을 제기했다.

삼남대로의 길목마다 남겨진 이 흔적들은 길이 단지 이동의 수단이 아니라, 사람의 삶과 교류가 스며든 공간이었음을 보여준다.

삼남대로는 이제 지도 속의 옛길이 되었지만, 그 위에는 여전히 사람들이 걷고, 자동차가 달리고 있다.

국도 1호선과 오산대로, 그리고 경부선 철도 — 이 모든 길이 삼남대로의 자취를 따라 이어진 현대의 길들이다. 길은 형태를 바꾸었을 뿐, 방향은 바뀌지 않았다.

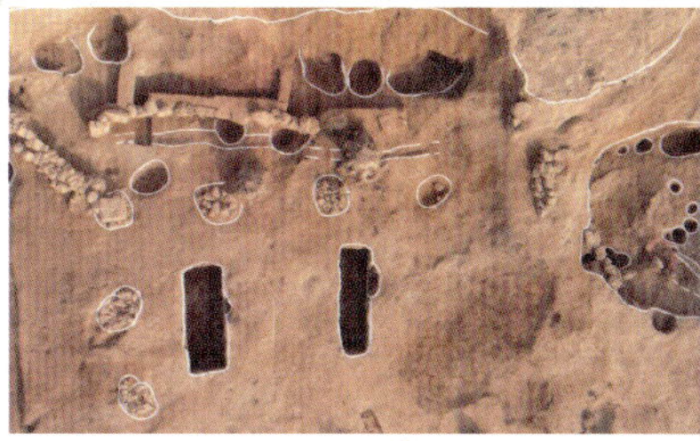
오산 원동유적(한성) 건물지

과거의 길이 물길을 따라 흘렀다면, 오늘의 길은 사람과 사람을 잇는 새로운 흐름이 되어 여전히 오산의 삶을 움직이고 있다.

삼남대로의 옛 길은 이제 지도에서만 남았지만, 그 위로 새로운 길과 마을이 들어섰다.

오산 원동유적에 지어진 수자인 아파트

길은 사라진 듯 보이지만, 여전히 사람들을 같은 방향으로 이끈다. 그 길을 따라가면, 세교의 마을이 나온다.

03
세교·가장

개발지 아래의 마을

예로부터 이 일대는 오산의 남쪽 관문이었다. 삼남대로를 따라 오가던 길손들이 잠시 쉬어가던 곳, 그 길 주변에는 역말(驛村)이라 불리던 작은 마을이 있었다. 말을 갈아타고 하룻밤을 묵던 사람들이 머물던 자리, 그 자리는 세월이 흐르며 마을과 장터, 그리고 도시로 발전했다. 지금의 세교와 가장, 초평 일대는 모두 그 길의 연장선에 놓인 땅이었다.

세교(細橋)는 본래 마을 앞 냇가에 놓인 작은 다리에서 비롯된 이름이다. '細'는 가늘다는 뜻이고, '橋'는 다리를 뜻한다. 지금은 다리도, 물길도 많이 바뀌었지만, 세교라는 이름 속에는 예부터 사람과 길, 물길이 만나는 장소였던 기억이 담겨 있다.

하천이 흘러내리고 완만한 구릉이 펼쳐진 이 지역은 예로부터 경작과 거주에 모두 알맞은 땅이었다.

세교 사진

그래서 세교 일대에서는 선사시대부터 조선시대까지의 유적이 고루 확인된다.

구릉의 상단에는 청동기시대 주거지와 조선 후기의 묘역이, 하단의 충적지대에는 마을터와 농경유구가 켜켜이 자리한다. 그 땅은 오랜 세월 사람들이 일구어 온 '살아 있는 지층'이었다.

가장은 오산의 서남부를 이루는 마을로, 삼남대로와 가까운 위치 덕분에 늘 사람이 오가던 곳이었다. 완만한 경사와 배수 좋은 토양 덕분에 논밭이 잘 되었고, 길을 따라 장이 서며 마을은 점차 커졌다. 그러나 세월이 흐르고 산업단지가 조성되면서, 오래된 논과 밭, 그리고 마을의 형태는 하나둘 자취를 감추었다.

가장동 지역의 유적들에서도 신석기시대 주거지부터 조선시대 유구까지 폭넓은 시기의 흔적이 확인되었다. 취락과 무덤은 물론이고, 옹기와 기와 등 기물을 굽는 가마도 다수 조사되었다.

신석기시대 주거지의 조사는 전국적으로도 그 수가 많지 않기에, 이 발견은 신석기 인류의 삶이 이미 오산에서 일궈졌다는 사실을 보여주는 귀중한 자료였다.

그렇다면 오산에는 신석기 인류만이 살았을까? 아니다.

청호동과 갈곶동 등지에서는 구석기 인류의 흔적도 확인되었다. 문화층과 석기들이 발견되면서, 오산은 구석기에서 조선에 이르기까지 사람들이 시대를 달리하며 살아온 터전임이 드러났다. 하천과 구릉이 어우러진 안정된 입지 덕분에, 사람들은 이곳에서 삶을 이어가고, 마을을 만들고, 문화를 쌓아온 것이다.

오산 청호동 유적 구석기

오산 가장동 유적 청동기시대 알바위 전경

오산 가장동 유적
조선시대 회곽묘 부장유물(백자명기)

오산 가장동 유적 조선시대 옹기가마

세월이 흘러 이 지역에는 다시 큰 변화가 찾아왔다. 세교에는 대규모 택지개발이, 가장동에는 산업단지 조성이 이루어졌다. 그 과정에서 광범위한 발굴조사가 진행되었고, 유적의 층위와 유구는 오산의 오랜 역사를 밝히는 중요한 단서가 되었다.

처음엔 나 역시 개발이 곧 유적의 파괴라고 생각했다. 삽과 포클레인이 들어가면, 그 아래의 역사는 사라진다고 믿었다. 하지만 현장을 지켜보며 생각이 달라졌다.

유적은 사라지는 것이 아니라, 조사되고 기록되어 또 다른 형태로 남는 것임을 알게 되었다. 과거의 흔적을 조사하고 기록한 뒤, 그 위에 새로운 삶의 터전을 세우는 일 — 그것이 진정한 의미의 '개발'이라 느꼈다.

그래서 나는 세교와 가장의 변화를 유심히 지켜보며, 이곳이 '잊힌 마을'에서 '사람이 다시 살아가는 도시'로 거듭나는 모습을 긍정의 눈으로 바라보게 되었다.

석탑 이전 및 안내판 설치 행사

세교와 초평, 그리고 그 서편의 탑동은 예부터 서로 이어진 마을이었다. 행정구역은 달랐지만, 하천과 구릉이 연결되고, 사람의 길이 이어져 있었다.

특히 탑동(塔洞)은 전설에 따르면 옛날 흙으로 쌓은 탑이 있었다고 전해진다. 그 탑의 크기나 형태는 알 수 없지만, '탑이 있던 마을'이라 하여 탑동이라 불렸다.

나는 이런 지명 속에 깃든 이야기를 무척 소중히 여긴다. 록 지금의 오층석탑은 1991년에 새로 세워진 것이지만, 그 돌 하나하나에는 옛 마을의 기억을 잇고자 한 주민들의 마음이 담겨 있다.

그래서 나는 이 탑이 사라지지 않기를 바랐다. 세교2지구 개발로 주변 환경이 크게 바뀌자, 초평동 공원으로 옮겨 세우고, 곁에 지명의 유래를 알리는 표지판을 함께 설치했다. 이 탑은 단지 돌로 쌓은 구조물이 아니라, 이 지역이 품어온 역사와 기억을 오늘에 이어주는 표식이라 생각한다.

오산 탑동5층석탑 현황

나는 지명의 유래를 좋아한다.

이름에는 그 땅의 이야기와 사람의 삶이 함께 담겨 있기 때문이다. '역말(驛村)'에는 길손과 역마의 흔적이, '세교(細橋)'에는 작은 다리를 건너던 사람들의 발자국이, '탑동(塔洞)'에는 오래된 마을의 기억이 담겨 있다.

이처럼 한 글자, 한 이름 속에도 오산의 오랜 세월과 정체성이 숨어 있다.

나는 개발이 도시를 성장시키는 힘임을 안다. 동시에, 성장의 속도가 우리의 기억을 앞질러 달릴 때 생기는 공백도 알고 있다.

그래서 세교2지구 일대가 바뀌어 가던 그 시기에, "택지 개발로 사라지는 우리 동네의 문화재를 먼저 찾아 보존하자"는 말을 여러 자리에서 전했다.

사라지기 전에 찾아야 지킬 수 있기 때문이다.

게다가 개발은 단지 건물을 세우는 일에 그치지 않았다.

건설 부지 일부는 공원으로 남겨져 시민들에게 쉼터와 여유를 제공하고 있다.

이처럼 보존과 개발이 함께 이루어지는 변화 속에서, 우리는 과거의 흔적을 지우기보다 새로운 방식으로 이어가고 있다.

그 대표적인 예가 다음 장에서 이야기할 금암동 고인돌공원이다.

이곳에서는 선사시대의 무덤이 시민들의 산책길과 함께 숨 쉬며, 유적이 일상 속 문화로 이어지는 또 다른 가능성을 보여준다.

04

금암동 고인돌

무덤이자 경계, 그리고 축제

흔히, 지석묘(支石墓)라고도 불리는 고인돌은 머나먼 청동기시대에 축조된 돌무덤이다. 특히, 인천 강화와 전북 고창, 화순의 고인돌 유적은 그 중요성을 인정받아 유네스코 세계문화유산으로 등재된 바가 있다. 앞서 언급한 세 유적이 대표적이긴 하나 우리나라는 전세계에서 가장 많은 고인돌이 분포하고 있으며, 지역 곳곳에서 그 흔적을 찾아볼 수 있다. 오산에 위치한 금암동 고인돌은 오산에 분포하는 여러 고인돌 가운데 가장 밀집하며, 잔존 상태가 양호한 유적이다. 여계산과 석산 사이, 여계산의 동쪽 산사면에 자리한 이곳은 오산의 긴 역사 속에서도 특별히 오래된 기억이 깃든 자리다.

처음 그곳을 찾았을 때, 비바람에 닳은 돌덩이 몇 개가 이토록 깊은 이야기를 품고 있을 줄은 몰랐다. 그 아래에는 수천 년 전, 이 땅의 사람들이 남긴 삶과 죽음, 그리고 믿음이 함께 잠들어 있었다. 고인돌은 단순한 무덤이 아니라, 하늘과 땅을 잇는 다리였다. 사람들은 돌을 쌓아 세상과 저승을 잇고, 그 위에 가족의 혼을 모셨다. 세월의 풍화 속에서도 그 돌은 제자리를 지켰고, 오산의 땅 위로 도시가 자라면서도 여전히 그곳을 지켜보고 있다.

고인돌 공원

아직 금암동 고인돌은 정식 발굴조사가 이루어지지 않았지만 같은 생활권인 탑동·두곡동 유적에서는 청동기시대의 고인돌이 발굴되어, 그 시대 사람들의 매장 풍습을 엿볼 수 있었다. 그곳의 고인돌은 작은 돌로 석관을 짜고 덮개돌을 얹은 소형 개석식(蓋石式) 지석묘로, 붉게 마연된 단경호와 돌칼이 함께 묻혀 있었다. 그것은 단순한 매장이 아니라, 죽은 이를 기리고 영혼을 위로하는 제의의 흔적이었다.

비록 금암동의 고인돌은 아직 땅속 깊이 잠들어 있지만, 그 속에도 같은 시대 사람들의 믿음과 제의, 그리고 가족을 향한 마음이 담겨 있을 것이다.

현재 오산시에는 금암동을 비롯해 외삼미동 등 여러 곳에 12기 이상의 고인돌이 분포하고 있다. 그중 금암동 고인돌군은 경기도기념물 제112호로 지정되어 있으며, 총 11기의 돌무덤이 여계산 동사면을 따라 밀집해 있다. 이는 단순한 묘역이 아니라, 오산이 이미 청동기시대

고인돌

부터 형성된 삶의 터전이었음을 보여주는 귀중한 증거다. 시간이 흐르며 개발의 바람이 불었고, 공사와 계획 속에서 유적은 흔들릴 위기에 놓이기도 했다. 그때마다 나는 늘 같은 생각을 했다.

"이 돌 하나라도 남겨야 한다."

고인돌은 단지 돌이 아니라, 우리가 이 땅에서 살아왔다는 증거이자 오산의 뿌리이기 때문이다. 다행히 금암동 고인돌은 사라지지 않았다. 이곳은 사람들의 뜻이 모여 금암동 고인돌공원으로 조성되었다. 지금은 공원 한가운데 고인돌이 자리 잡고, 설명판과 산책로가 마련되어 시민들이 쉬어가는 장소가 되었다.

또한 이곳에서는 장미빛축제, 산신제, 독산성문화제 연계행사 등 다양한 문화행사가 이어지며, 과거의 유산이 오늘의 문화로 이어지고 있

축제사진

다. 나는 그 모습을 볼 때마다 느낀다. '보존이란 과거를 붙잡는 것이 아니라, 과거와 현재가 함께 숨 쉬게 하는 일'이라는 것을.

돌은 여전히 그 자리에 있다. 그 위로 아이들의 웃음소리가 퍼지고, 그 곁에서 시민들이 노래하고 사진을 찍는다. 나는 그 모습을 볼 때마다 확신한다. 역사와 삶이 함께 있는 도시, 그 시작이 바로 금암동 고인돌이다. 하지만 이게 끝은 아니다. 공원으로 조성된 일부 고인돌은 잘 보존되고 있지만, 그 외 지역의 고인돌들은 여전히 정비와 관리의 손길을 기다리고 있다. 며칠 전, 공원 밖의 또 다른 금암동 고인돌을 찾아가 보았다. 잡초 사이로 덮개돌이 드러나 있었고, 안내 표지 하나 없이 외로이 서 있었다. 완전히 방치된 것은 아니었지만, 그 자리는 세월과 함께 잊혀져 가고 있었다. 그 모습을 보며 나는 다시 다짐했다.

"보존은 끝이 아니라, 꾸준히 이어가야 할 약속이다."

앞으로의 과제는 분명하다. 금암동의 다른 고인돌들 또한 조사와 정비를 통해 그 가치를 다시 밝혀내야 한다. 이제는 한 점의 문화유산이 아니라, 지역 전체가 함께 살아 숨 쉬는 유산의 공간으로 가꾸어야 한다. 그것이 내가 지켜온 '오산형 보전'의 진정한 의미이자, 다음 세대에게 물려주어야 할 책임의 역사라고 믿는다.

금암리 지석묘군(시도기념물 제112호)

여계산(해발 158m)과 석산(해발 135m) 사이에 형성된 곡간 평지상에 위치한다. 3개 지점에 11기의 지석묘가 분포하는데, 이 가운데 9기의 지석묘가 경기도기념물로 지정되었다.
이 지역에 분포하는 지석묘들은 대개 덮개돌만이 지상에 노출된 양상이다. 하지만 2호 지석묘의 덮개돌 윗면에 홈구멍[性穴]이 파여 있고, 2호와 8호 지석묘에는 채석한 흔적이 남아 있다. 지석묘의 덮개돌은 화강암질 계통의 석재를 사용하였는데, 대부분 땅에 묻혀있어 정확한 구조를 알 수 없다. 다만 전체적인 잔존 상태로 보아 개석식 지석묘일 가능성이 있지만, 정확한 구조를 파악하기 위해서는 발굴조사가 필요하다.

금암리 지석묘군(시도기념물 제112호) : 전체 11기 분포 중 9기가 지정되어 있음.
외삼미동 고인돌 (경기도기념물 제211호) : 1기가 지정되어 있음

05

독산성

방어의 산성에서 시민의 무대로

오산을 둘러보면 어느 방향에서도 산줄기가 시야에 들어온다. 그중에서도 독산성(禿山城)은 오산의 상징 같은 존재다. 삼국시대에 쌓은 이 산성은 한때 외적의 침입을 막아낸 '방어의 성'이었고, 지금은 시민이 모이고 걷고 노래하는 '문화의 성'이 되었다. 이곳 독산성은 대한민국 사적 제140호로 지정되어 있으며, 오산의 역사와 정신을 대표하는 가장 중요한 유산 중 하나다.

독산성 드론 전경

성 안에는 세마대지(洗馬臺址)와 보적사(寶積寺)가 함께 자리하고 있다. 세마대지는 임진왜란 때 권율 장군이 백마에 흰쌀을 뿌려 왜적에게 물이 넉넉한 성으로 보이게 했다는 이야기가 전해지는 전설의 장소이며, 보적사는 성과 함께 전란의 시대를 견뎌온 호국사찰로, 지금도 시민들이 찾아와 향을 피우며 마음을 고요히 하는 공간이다. 이 두 곳은 군사적 공간이자 신앙의 공간, 즉 독산성이 품은 복합적 역사와 정신의 상징이라 할 수 있다.

돌과 흙으로 쌓인 성벽은 수백 년의 풍화를 견디며 여전히 산자락을 따라 흐른다. 성 안에는 오래된 건물터와 길, 그리고 사람들의 발자취가 남아있다. 그 흔적을 따라 걷다 보면, 독산성은 단순한 유적이 아니라 오산 사람들의 정신이 깃든 장소임을 느끼게 된다.

독산성 해맞이 사진

그리고 이 성은 멀리서도 오산의 존재를 알린다. 평택-화성 고속도로를 달리다 보면 산등성이 위로 독산성이 한눈에 들어온다.

출퇴근길의 차창 너머로, 혹은 여행 중 스쳐 지나가는 길목에서 시야 속으로 늘 비쳐오는 그 돌담은 오산이 '역사를 품은 도시'임을 조용히 이야기해주고 있다. 반대로, 독산성에 올라서면 오산의 오늘이 한눈에 들어온다.

성벽 위에 서서 내려다보면 도심의 건물과 길, 공장과 주거지가 겹겹이 펼쳐지고, 그 사이로 사람들이 살아가는 풍경이 이어진다. 과거를 지켜온 성 위에서 현재의 도시를 바라보는 이 시선은, 오산이 걸어온 시간의 층위를 한순간에 보여준다. 해마다 새해가 되면 이 성 위에는 해맞이를 위해 모인 사람들의 발걸음이 이어지고, 어둠을 밀어내며 떠오르는 첫 해를 바라보는 그 순간마다 도시는 다시 한 번 오늘을 시작한다. 그 모습을 볼 때마다 나는 생각한다.

"이 성은 단순한 유적이 아니라, 오산의 얼굴이다."

나는 의정활동을 하며 여러 차례 이곳을 찾았다. 복원 현장을 둘러보고, 시민들과 함께 축제에 참여하며, 이 성이 오산 사람들에게 얼마나 특별한 의미를 지니는지를 직접 보았다. 성벽 아래서 아이들이 뛰놀고, 산길을 따라 가족들이 오르는 모습을 볼 때마다 '이곳이 과거의 전쟁터가 아니라, 평화의 무대가 되었구나' 하는 생각이 들었다.

아직 독산성의 발굴조사는 완전히 끝나지 않았다. 2000년대 초 시굴 조사 이후, 2017년부터 본격적인 학술조사가 이어지고 있다. 성벽 일부와 남문지, 세마대지 일대에서 여러 시대의 유구가 확인되었지만,

성 전체의 구조나 조성 시기, 내부 건물 배치는 여전히 연구 중인 과제로 남아있다. 발굴이 진행될수록 새로운 사실이 밝혀지고, 그만큼

중보고고학연구소 2023. 오산 독산성과 세마대지 정비사업부지 내 오산 독산성과 세마대지

우리가 이 성을 어떻게 지켜야 할지에 대한 고민도 깊어지고 있다.

나는 이곳을 단순히 '옛 성터'로 남기고 싶지 않다. 과거의 흔적을 보존하면서도, 시민이 그 가치를 이해하고 일상 속에서 기억할 수 있는 살아 있는 역사 공간으로 만들어 가야 한다고 생각한다. 그래서 독산성은 지금도 다른 방식으로 시민들의 삶과 이어지고 있다. 이곳에서 직접 행사가 열리지는 않지만, 독산성이라는 이름은 문화와 체육, 예술의 영역으로 확장되어 이어진다.

'독산성 문화제', '독산성 마라톤 대회', '독산성 휘호대회' 등은 이 성이 오산의 상징으로 자리하고 있음을 보여주는 대표적인 사례다. 독산성은 그렇게 물리적 공간을 넘어, 오산 시민들의 기억과 자긍심 속에서 살아 있는 이름으로 남아 있다.

그럼에도 여전히 해야 할 일이 많다. 성 전체의 발굴이 마무리되어야 하고, 성곽의 복원과 보존 대책도 세밀하게 추진되어야 한다. 무너진 일부 성벽은 복원이 시급하고, 세마대 주변의 문화재 환경도 다시 정비할 필요가 있다. 무엇보다 국가유산으로서의 보존 원칙을 지키는 가운데, 시민들이 훼손 없이 걷고 머물며 그 가치를 체감할 수 있는 이용 방식에 대한 고민이 병행되어야 한다.

문화제 행사 사진

나는 앞으로도 독산성이 오산의 자긍심이자 문화의 중심으로 남을 수 있도록 그 보존과 활용을 동시에 아우르는 방안을 고민할 것이다.

독산성의 돌들은 오래전 전쟁의 함성을 들었고, 지금은 시민들의 웃음소리를 듣는다. 시간은 흐르지만, 그 돌들은 여전히 이 도시를 바라보고 있다. 오산의 과거와 미래가 맞닿은 곳, 그곳이 바로 독산성이다.

06
궐리사

가르침이 머무는 곳, 오산의 인문정신

오산천을 따라 남쪽으로 내려가면, 나지막한 구릉 위에 고즈넉하게 자리한 궐리사(闕里祠)가 모습을 드러낸다. 조선은 동아시아의 그 어떤 국가보다도 유교를 숭상했다. 이에 정치와 경제, 철학 등 조선문화 곳곳에는 유교정신이 서려있다. 유교국가인 조선에서 가장 중요시 여긴 인물은 단연 공자(孔子)였다. 이에 왕실은 물론이요, 향교(鄕校)와 서원(書院) 등 교육기관 한켠에도 반드시 공자를 모시는 제향공간이 존재했다. 현재 오산에는 우리나라에 단 두 곳밖에 없는 공자 전용 사당인 궐리사가 위치하고 있다. 독산성이 오산의 정신을 지켜왔다면, 궐리사(闕里祠)는 그 정신을 사람의 마음으로 이어주는 공간이다.

이곳은 조선 후기 지역 유림들이 공자의 도(道)를 기리고 인(仁)과 예(禮)의 가르침을 전하기 위해 세운 사당으로, 중국 산동성 곡부(曲阜)의 공자 사당인 '궐리(闕里)'의 이름을 따서 지어졌다. 세월이 흘러

궐리사 전경

도 궐리사는 단지 유교 제향의 공간이 아니다. 오산의 인문정신과 교육문화의 상징으로 자리 잡은 이곳에서는 지금도 매년 봄과 가을, 석전대제가 봉행된다. 유림과 시민이 함께 모여 제향을 올리고, 전통 예법과 음악이 어우러지는 그 의식은 시간을 넘어 이어져 온 예(禮)의 정신을 보여준다.

현재 궐리사에는 고종 연간에 제작되었다는 궐리사 성적도(聖蹟圖) 목판이 소장되어 있다. 성적도란 성인 공자의 일생을 그림과 글로 함께 표현한 책, 혹은 목판을 뜻한다. 궐리사 성적도 목판 경우 보존 상태가 양호하고 연대도 정확하여 그 가치가 매우 높다. 또한, 궐리사 건립과 함께 심어졌다고 알려진 향나무는 이곳이 당시 역사의 현장을 조용히 말해주는 산 증인이다.

2022년 봄, 나 역시 궐리사 석전제향 봉행에 참여했다. 예복을 입고 향을 올리며 느꼈던 감정은 단순한 의례의 감동이 아니었다. 그 순간

궐리사 성적도

궐리사 향나무

봉행 사진

나는, 오산이라는 도시가 '지식과 예의 전통'을 품은 배움의 도시임을 다시금 깨달았다. 문화유산은 돌과 벽에만 남는 것이 아니라, 사람의 마음과 행동 속에서 살아가는 것임을 그 자리가 말해주었다.

나는 궐리사를 방문할 때마다 늘 이런 생각을 한다. 교육은 건물을 짓는 일이 아니라, 사람을 세우는 일이라고. 궐리사는 그 철학을 가장 조용한 방식으로 보여주는 공간이다. 기억의 전쟁터인 죽미령과 달리, 이곳에는 평화롭고 단단한 학문의 숨결이 흐른다. 오산은 이제 전통의 정신을 품고 시민 모두가 함께 배우고 성장하는 인문도시로 나아가야 한다. 그 길의 중심에 궐리사가 있다. 예와 배움, 그리고 공동체의 마음을 세워온 공간, 그것이 오산의 또 다른 힘이다.

07
기억의 장소

유엔군초전기념비와 근현대 오산

독산성이 오산의 정신을 상징한다면, 유엔군초전기념비는 이 도시가 걸어온 근현대의 역사를 말해주는 장소다. 1950년 6월 25일, 우리 민족은 가장 치열하고도 비극적인 전쟁을 치러야 했다. 그것이 바로 한국전쟁이다. 이곳은 1950년 7월 5일, 한국전쟁 발발 직후 유엔군이 처음으로 북한군과 맞선 '오산 죽미령 전투'의 현장이다. 민족 전쟁의 비극과 함께 자유를 지키려는 희생의 역사가 깃든 자리다.

전쟁이 끝난 뒤, 오산은 폐허 위에서 다시 일어섰다. 그러나 그 기억은 사라지지 않았다. 세월이 흘러 도시가 커지고 도로가 넓어졌지만, 죽미령 언덕은 여전히 사람들에게 묵직한 메시지를 전한다. 총성이 멎은 자리에서 이제는 아이들의 웃음소리가 들리고, 평화를 이야기하는 조형물과 추모비가 그 자리를 대신한다. 죽미령평화공원과 유엔군초전기념관은 그 아픈 기억을 새로운 세대에게 전하는 교육의 공간이 되었다.

유엔군초전기념비 사진

나는 여러 차례 그곳을 찾았다. 기념관 안에서 당시 전투 기록 영상을 보고 있으면, 그 시대 젊은이들의 얼굴이 떠오른다. 그들은 이름 모를 타국의 군인이었지만, 이 땅을 위해 싸우고, 오산을 지켜냈다. 그들의 희생이 있었기에 지금의 오산이 있고, 그 정신이 오늘의 시민 정신으로 이어지고 있다고 믿는다.

나는 이 기념비의 문화재 등록 과정에 직접 참여했다. 당시 이 유적의 역사성과 상징성을 알리고, 경기도 등록문화재로 지정될 수 있도록 관계기관과 협의하며 노력했다. 그 결과, 2021년 10월 21일 유엔군초전기념비와 옛 동판, 한국노무단(KSC) 안내판이 '경기도 등록문화재 제3호'로 공식 지정되었다. 다만 국가유산청 공개 자료 중 일부 이미지에는 행정구역 표기가 '동두천시'로 잘못 기재된 사례가 확인되는데, 해당 기념비는 한국전쟁 최초의 교전이 이루어진 오산 죽미령 전투 현장에 위치한 유적으로, 행정구역상 경기도 오산시에 해당한다. 이러한 표기 오류를 바로잡는 일 또한 유적의 역사적 맥락과 장소성을 정확히 전달하기 위한 중요한 과정이라 생각한다. 그날의 성취는 단순한 행정 절차가 아니라, 이 도시가 지켜온 '기억의 가치'가 역사로 인정받은 순간이었다.

국가유산 검색

경기도 등록문화유산

오산 유엔군 초전기념비와 옛 동판 · 한국노무단(KSC)안내판

분 류	유적건조물 / 인물사건 / 근대사건
수량/면적	3점
지정(등록)일	2021.10.27
소 재 지	경기도 오산시
시 대	한국전쟁기
소유자(소유단체)	오***
관리자(관리단체)	오***

자료 사진/국가유산청 화면 캡쳐

이전에도 그렇지만 그 후로도 나는 매년 유엔군 초전기념 및 미(美) 스미스부대 전몰용사 추도식에 참석해왔다. 이 행사는 한국전쟁 발발 후, 유엔군이 처음으로 북한군과 맞섰던 죽미령 전투의 희생을 기리는 자리다. 그때마다 느낀다. 이 땅에서 싸우고 스러진 젊은 병사들의 희생이 있었기에, 지금의 오산과 대한민국이 있다는 사실을.

기념식장에 서 있으면 늘 묘한 감정이 든다. 푸른 하늘 아래 펄럭이는 태극기와 성조기, 그 앞에서 헌화하는 참전용사들의 떨리는 손, 그리고 묵념하는 시민들의 모습. 그 장면은 오산이 지닌 '기억의 품격'을 보여준다. 전쟁의 상처를 애도하면서도, 그 아픔을 평화와 연대의 메시지로 바꾸어내는 도시, 그 속에는 한국전 참전용사뿐 아니라, 이 땅을 지키기 위해 함께 싸운 모든 사람의 희생이 담겨 있다. 그것이 내가 꿈꾸는 오산의 모습이다.

유엔군초전기념비는 단지 과거의 흔적이 아니라, 전쟁과 평화, 그리고 연대의 상징이다. 해마다 열리는 유엔군초전기념행사에는 국내외 참전용사와 시민들이 함께 모여 헌화하고 묵념한다. 나는 그 자리에서 늘 같은 다짐을 한다. "이 자리가 단순한 추모의 현장에서 머물지 않도록, 평화를 배우고 나누는 공간으로 남게 하자."

오산의 근현대는 이 기념비에서 출발한다. 이곳은 단지 과거를 추모하는 공간이 아니라, 한국 현대사의 격변 속에서 이 도시가 어떻게 전쟁의 상처를 치유하고, 평화의 도시로 거듭났는가를 보여주는 증거다. 그 길을 따라 학교와 마을이 생겼고, 시민들의 일상이 돌아왔다. 그리고 그 속에서 '기억을 지키는 도시', '평화를 말하는 도시'라는 새로운 오산의 정체성이 자리 잡았다.

유적을 보존하는 일은 단지 오래된 돌과 흙을 지키는 것이 아니다. 그 속에 담긴 사람의 기억과 시대의 의미를 후대에 전하는 일이다.

나는 금암동의 돌무덤을 보며 '기원을', 독산성의 성벽을 보며 '정신을', 그리고 이 죽미령의 기념비 앞에서는 '기억과 평화'를 배운다.

추도식 사진

과거의 오산이 유산의 도시였다면, 지금의 오산은 기억의 도시, 그리고 앞으로는 사람의 도시가 되어야 한다. 그것이 내가 꿈꾸는 오산의 미래다.

에필로그 :
다시 길 위에서, 미래를 향한 오산의 약속

나는 늘 말했다.

"보존은 멈춤이 아니라, 다음 세대를 위한 약속이다."

오산의 땅을 지키고, 그 위에 쌓인 시간을 이어가는 일은 결국 미래를 위한 책임이자 다짐이었다.

언젠가 오산이 진정한 의미의 문화유산 도시로 성장한다면, 그 시작은 아마도 우리가 함께 지켜온 작은 돌무덤과 성벽, 그리고 기념비에서 비롯될 것이다.

금암동의 고인돌이 그 뿌리를 말하고, 독산성이 그 정신을 지켜왔으며, 죽미령의 기념비가 그 기억을 이어왔다면, 이제는 그 모든 이야기가 시민의 일상 속에서 다시 숨 쉬어야 한다.

최근 나는 뜻깊은 기회를 얻었다. 시민들께서 소중히 보관해 오신 민속품 몇 점을 기증받게 되면서, 초평동 행정복지센터 안에 작은 민속전시실을 마련할 수 있게 되었다.

현재 전시 공간을 준비 중이며, 완성되면 오산의 생활문화와 기억을 시민들과 함께 나눌 수 있을 것이다.

크지도, 화려하지도 않은 공간이지만, 이곳에는 오산 사람들의 삶과 손때가 깃든 물건들이 자리하게 된다.

돌절구 하나, 옛 농기구 하나에도 한 세대의 노동과 시간이 담겨 있다. 나는 이 전시실을 '작은 박물관'이라 부르고 싶다.

금암동의 고인돌이 오산의 뿌리라면, 이곳은 오늘의 삶을 기록하는

오산의 과거와 미래, 그리고 시민들이 함께하길 바란다

또 하나의 유산이기 때문이다.

언젠가 오산시립역사박물관이 세워지더라도, 이러한 시민 곁의 작은 전시실들이 곳곳에서 함께 숨 쉰다면 오산은 진정으로 사람 속의 유산 도시가 될 것이다.

나는 바란다.

언젠가 '향토문화재'라는 이름이 '향토유산'으로 바뀌기를.

최근 문화재청이 국가유산청으로 승격되면서, '문화재'라는 용어가 '유산'으로 바뀌었다.

이 변화는 단순한 명칭의 수정이 아니라, 유산을 국민과 함께 가꾸는 시대적 흐름을 반영한 것이다.

오산 역시 이러한 흐름에 맞춰 지역의 역사와 삶을 아우르는 '문화유산 제도'로 나아가야 한다고 믿는다.

그리고 나는 꿈꾼다.

오산의 역사를 담은 시립역사박물관이 시민 곁에 문을 여는 날을. 그 날이 오면, 이 도시의 모든 시간과 기억이 비로소 한자리에 모일 것이다.

그것이 내가 꿈꾸는 오산의 미래다 —

사람이 남고, 기억이 살아 있는 도시.

소년의 꿈,
오산을 품다

2026년 1월 2일 초판 1쇄 발행

지은이 성길용

펴낸곳 콘텐츠카페 협동조합
전화 053-751-2017
팩스 053-751-3655
이메일 contentscafe@daum.net
주소 대구광역시 중구 명륜로6길 8, 3층
가격 15,000 원

ISBN 979-11-92046-22-8